Money錢

謹將這本書獻給 那些逾期未贖的人。

曾經擁有而已經流失的人與物，不需要懊悔。
看過秦老闆的故事，
你會明白如何翻轉自己的人生。

Money錢

人生流當品

重新改造，你可以是超值典藏品

著 秦嗣林
口述整理・秦續蓉

Money錢

自序

刻骨銘心的經驗 使人生重新綻放光芒

在當鋪裡，每個星期都會清倉一次，把逾期沒有取贖的質借品挑選出來，這一類的東西就叫做流當品。流當品有兩種特色，首先，它可能是當鋪鑑定錯誤的物品，也就是贗品或者價值不高的物品；另外一種可能是國寶級或極為稀有的高價精品，因為物主沒能力取贖而淪為流當品。

成為當鋪的流當品，便只有一種命運，就是低價拍賣，轉售給其他的人。

想當初，這些物品曾經被某些人看作是無價之寶，夢寐以求，也曾被精心設計，身列朱門，然而它們最終的命運是流落江湖。人生好像也是這樣，初出茅廬的時候，有的人背景顯赫，有的人才高八斗，有的人初生之犢，有的人氣勢熏天，經過了一些挫折以後，就成為了人生流當品，不但價值打了折扣，氣勢也降到了谷底，這種人生的起起伏伏，每一天都在當鋪裡上演。

有些流當品有翻身的一日，主要是物品本身就有不可抹滅的優點，儘管一時蒙塵，明珠終究會綻放光明。很多人在當鋪裡選寶，就是想在這些流當品裡找出遺珠。當然，雖有伯樂，但是能不能成為千里馬，全憑實力。

這本書是由幾十張當票所彙集而成的，但凡提到「當票」兩字，恐怕很多人都持負面觀感，其實，當票是一張非常現實的考試卷，其中包含你過去的眼力、經歷、起伏，每一張當票不見得都有取贖的機會。

如果人生成了流當品，你也不必太過自責，因為在歷史的洪流裡，很多公、侯、將、相都曾經是流當品。從本書中的案例，讀者朋友可以很明顯地判斷起始原因，隨著時光流轉，題目的答案一直在變。如何避免成為流當品？甚至成為流當品以後，如何再成為炙手可熱的精品，是一個智慧的測驗。

人生沒有完美的，人性往往很負面，芸芸眾生能夠悟道解脫者，終究是少數。避免成為流當品，需要良好的訓練、堅貞的意志，大部分的人都很難具備，但是淪落為流當品還能翻身，就比較容易一些，因為刻骨銘心的痛苦經驗，以及深切反思的結果，能讓已經失去光澤的人生重新綻放光芒。

重點是，你必須相信善良、慈悲、學習、奉獻是真理，才有機會扳回一城；如果你還是在價值、價格之間反覆地琢磨，流連難返，流當品最終會成為滯銷品，這就是一個當鋪老闆的忠告。

秦嗣林

自序

第一章

守財不易 狂飆失速的財務管理

第二章

談錢說理 在當鋪看見社會縮影

第三章

自我投資 擦亮個人招牌

第四章

職場識人術
好老闆比總統偉大

第五章

人生商學院
別為了致富而致富

第六章

秦老闆經營學
始於慈悲的創新

書後餘韻

第一章

守財不易
狂飆失速的財務管理

人的欲望經常無序發展，自我管理又不切實際，財務就會如同空中樓閣，所以鞭炮變核彈，很多人一下子就跌入了萬丈深淵。學會如何「花錢」，你才有動力去「賺錢」。

1-1

幸福借款，是債務公司挖的陷阱

量入為出是貴人，不量入為出，就會變成求人的「跪人」。

有位客戶張小姐來找我，原來是她弟弟跟當鋪借錢，還了三年卻沒還到本金。後來弟弟的財務狀況很不好，不接當鋪的電話，電話便往她那裡打去，她才知道弟弟借了八萬，每個月利息八千多元。張小姐知道我當過當鋪公會理事長，便來向我求援。

我在間接了解情況後才知道，弟弟沒有典當任何物品，只押了身分證，簽了本票和借據，是屬於「[1]無質借物典當」。

我建議她，如果她有能力，先幫弟弟還清這筆錢，否則利息一直滾會很

[1] **無質借物典當：**
沒有提供擔保品為還款保證的典當方式，就是所謂的信用借款。這是一般錢莊放款的模式，最終催討可能涉及法律灰色地帶。

嚴重。後來，張小姐來我這裡典當手錶，拿到十萬結清這筆債務，據說過程不是很愉快。

這類事情屢見不鮮，我印象最深刻的，是一位在銀行上班的年輕人，為了帶新婚妻子度蜜月，跟地下錢莊借了二十萬，每月要還款三萬。他原本以為七個月就能還清，結果連本金都沒還到，就已經被逼得無路可走，家也不敢回，甚至想拿銀行客戶的錢還債。

他的岳父是我的朋友，便請我幫忙處理。了解之後，我才知道是他沒有按時繳息，高利再加上「[2]滯納金」，十天算一期，金額越來越恐怖。岳父後來把車子賣了，連本帶利還了二十五萬。

幾年前，我面試了一位員工，他不敢讓公司幫他投保健保，我進一步了解後才知道，他曾經跟銀行用現金卡借了十六萬。後來銀行把債權轉給債務管理公司，追加很多費用，連訴訟費用都列入，這使得他更還不起，只能打黑工過日子。

[2] **滯納金：**
金融機構收費的陷坑之一。客戶逾越貸款本息繳納日期，金融機構或錢莊依先前設立的條款，要求除了本息以外的處罰金額。

我告訴他，公司不可能不幫員工辦健保，這樣是違法的，所以我無法錄用他。我給了他兩萬，希望對他的生活有所貼補。

我常說，當財務有狀況，借錢應該是最後選擇，賺多少不重要，花多少才是重點，量入為出是貴人，不量入為出，就會變成求人的「跪人」。在求助親友前，應該思考一下，是不是可以先從生活上撙節支出，真的挪不出錢來，才去求助他人，不要一邊想著解決財務問題，又一邊享受物質生活。

萬一財務問題發生了，應該尋求正當管道解決，假如飢不擇食，向不好的對象借錢，就會變成飲鴆止渴。踩入陷阱的結果，不但越陷越深，還款的壓力也不是一般人可以承受的。

秦老闆語錄

「無求乃上品。」

如果人的一生可以無求於人，會過得比神仙還幸福。事實上，人總是要求人的，以財務管理方面來說，債務累積好比長堤上的裂縫，等到它快要潰堤再去「提油救火」，這是很多人產生財務危機的劇本。

想防止這一類事情的發生，首先是降低欲望，其次是管理，再來是走正常的管道。如果你的欲望降低，求人的機會就會減少，加上管理，金錢有來有往，災害不大。走正常管道，意外也會很少。但是，人的欲望經常無序發展，自我管理又不切實際，就會如同空中樓閣，所以鞭炮變核彈，很多人一下子就跌入了萬丈深淵。

1-2 花錢有意義，賺錢有動力

不管有錢或沒錢，都需要花錢，就算是流浪漢，身邊還是會放著一瓶啤酒吧！

曾經在一次演講中，有一名高中生來找我，他說我看起來很有錢，我笑著說：「我是有一點錢，但是跟郭台銘比，還差很多。」他想繼續問我如何賺錢，因為他的爸爸看起來很有錢，生活卻過得很拮据。

其實，我是靠著不斷學習和累積專業知識賺錢，一路以來還算平順。每個人的命運不同，有些人即使用盡洪荒之力也沒辦法賺到錢。當然也有一些家世富裕，生來就有錢的人。所以問我如何賺錢不客觀，應該要問我「如何花錢」，才是一個好問題。

不管有錢或沒錢，都需要花錢，就算是流浪漢，身邊還是會放著一瓶啤酒吧！花錢可以控制，賺錢則無法照章而行，你無法掌握一家公司會不會突然倒閉，或是裁員，但是你絕對可以決定一餐要花多少錢。

花錢真的是一門學問，必須學會控制，一個月就算只存一百元，一年也能攢下一千兩百元，即便你賺很多，也要妥善規劃支出。我們公司舉辦的特賣會，便有不少客人先計劃存錢，按照個人步調購買物超所值的商品，比起有錢人撒大錢的購物方式務實多了，也比較有成就感。

避免對自己的賺錢能力過度樂觀，因為上天有時候喜歡開玩笑，學會如何花錢，才能避免掉入缺錢的泥沼。隨著成就和財富提升，再慢慢調高預算，不要一下子就大手筆砸下去，花錢力道要適度升級。

行有餘力時，再編列一些孝親費和公益費等等，這筆錢在我們在有錢的時候經常忘記，沒錢時，想給卻給不起。娛樂費的規劃要按照自己的能力，有些人喜歡打腫臉充胖子，借錢出國玩三天，回來還錢卻要苦三年。

我有一個幫忙修車的客戶，突然被老闆解雇，他打電話向我哭訴日子過不下去，房東一直向他催繳，讓他很想尋短。我要他來我這裡拿錢，先度過難關再說，言明下不為例，不過我也好奇，他的錢都去哪裡了？原來，他把錢都拿去買公仔。唉！公仔這種東西會一直推陳出新，買不完的。

大家應該先搞懂如何花錢，才不會變成我公司的典當常客。這個道理，也許對學生而言還不太能理解，畢竟也還沒出社會。然而，這樣的觀念必須先在他們的心中埋下一顆種子，未來才會理解「花錢有意義，賺錢有動力」的道理。

秦老闆語錄

「運好不長久，命好多坎坷。」

在當鋪出入的人，很多人的命都很好。他們為什麼會出入當鋪呢？我的理解是很多人把生活安穩，當作一種習慣，沒有積穀防饑的概念，身上有一百塊，總要花上一百零一塊（像是把信用卡當成房卡使用）。

一個人的命再好，也不可能天天過年，如果你沒有理財的智慧，好命會被玩成歹命，何況運氣好也只是一時。想要命好，就要學習如何理財，理財的第一步，叫做「訓我」，管理學上最大的誤區就是「我」，若能把「我」訓好，理財就是一件輕鬆如意的事情。

1-3

借錢要三思，別賠上前途

如果你跟不與你沾親帶故的人借錢，對方還願意借給你，只有一種可能，就是你要加倍返還。

我有一位六十多歲的客戶，我稱呼他王大哥，他經常來典當一些首飾。有一次，他突然問我：「秦老闆，我如果不典當東西，可以借多少錢？」我說在我的店裡，不當東西，一毛錢也借不到。

王大哥怪我「好現實」，還說有一間當鋪答應他，不必典當東西就能借他五十萬，我聽了立刻問他，如此一來，風險誰承擔？

他說他會還錢，所以貸方沒風險，而且對方先徵信，針對年齡、性別、職業、戶籍地址、家庭狀況做調查，他的級別是五十萬，聽說級別最高可以借到兩百萬。

王大哥這一番話，連我聽完都忍不住想試試，看「秦老闆」三個字可以借到多少錢？後來，我問他利息怎麼算，王大哥坦承利率有點高，但至少不用翻箱倒櫃找典當物，只需要記得還款，感覺比典當簡單多了。我又問：「對方的利息是多少呢？」王大哥回答[3]月息九分，又說他其實不需要借太多錢，只需要十萬至二十萬而已，所以利息加起來感覺不多吧？我說：「是嗎？月息是將近借款的十分之一！是不是你也覺得利息太高？」王大哥聽完訕訕一笑，沒有再接話。

事實上，這種借款方式行之已久，有段時間在中國的網路借貸平台上很盛行，許多人痛陳自身的悲慘經驗，怨聲載道。使用這種高利借款模式，一旦財務管理沒有做好，後果將會不堪設想。自古以來，借錢都和還款能力有著直接關係，現在這麼多網路借貸、小額信用借款等等的管道，都脫離不了一個定律，就是「羊毛出在羊身上」。因為風險大，收費自然就會高，這是

[3] **月息：**
民間借貸的利息計算方式，以月為單位，每月 1% 為一分利，2% 為二分利，以此類推，銀行則以年利計算。

必然的，天底下沒有不勞而獲的事情。

我年輕時有一個外號是「借錢大王」，因為我非常會借錢，提出來的條件比銀行、郵局還要好，因此有不少金主，從借我三萬、五萬，到後來願意借出上百萬。所以，別人願意借款是源於我給的利率高，而且信用良好。

你值多少錢？簡單來說，就是個人誠信加上還款能力，但是「誠信」不是自認為有，別人就一定會買單，要取得別人的信任相當不容易。目前市面上的現金借貸很多，誘惑不少，所以借錢要特別小心，千萬不要賠上自己的前途。

秦老闆語錄

「你要錢，他要命。」

如果你跟不與你沾親帶故的人借錢，對方還願意借給你，只有一種可能，就是你要加倍返還，這是真理。很多人在走投無路的時候，病急亂投醫，看到報紙廣告或網路訊息，就展開了借錢的美夢，但是，他們可能沒有想到會發生兩種意外，得不償失。第一，原本計劃的收入如夢幻泡影；第二，原來還款的計劃如空中樓閣。

在錢莊出入的朋友們，很多是活在這樣的噩夢之中，因為，百分之百肯定的進項，可能一夜之間就沒有了，每一個月的還款也許連本金都沒還到，有非常多的朋友在這個陷阱裡掙扎，反觀初衷，只是為了一片瓦，結果還了一棟樓。朋友們，慎思！

1-4 消費者越貪，商人越賺

買菜送蔥的攤位總是買氣最旺，老闆看似虧了，其實是賺錢，因為他懂得利用消費者的貪念行銷。

現在網路上有許多農場文章，常見於LINE、Facebook、WeChat等社群平台上，內容通常很煽情、譁眾取寵，多數人都不喜歡。

有一次朋友轉發一篇文章給我，說的是中國寧波市動物園裡的一起意外事件。有人為了省門票錢，翻牆進入動物園，結果誤入老虎園區，被活活咬死。內容大致上在講中國人愛貪小便宜、講特權的習性。

我看完文章後轉發到群組，本來想再貼上心得。沒想到來不及貼心得文，群組裡就有朋友回覆：「請你不要貼農場文章，很無聊。」我回他：

「其實後面還有我的心得文，請不要直接評論。」

我想，人性也許表面看起來很美好，然而作為生意人，我該如何善用人性，來完成我的雄心壯志？我思考的是，逃票的人是想貪小便宜，不是真的沒錢。有貪小便宜習性的人，容易養成習慣，看看菜市場，買菜送蔥的攤位總是買氣最旺。老闆看似虧了，其實是賺錢，因為他懂得利用消費者的貪念行銷，所以業績至少比別攤好兩成。

我們公司舉辦行銷活動時，也會利用消費者的習性，就像過年很多人會去百貨公司排隊買福袋，花上三百、五百元便可以換到價值上千元的商品。

有一年，我去考察百貨公司舉辦的新春開賣活動，現場詢問一位徹夜排隊的人，想知道他的福袋有些什麼寶貝。結果我一看，大多是比較過氣的商品，基本上是廠商的存貨，或是滯銷的產品，當然也有一些比較類似是「小確幸」的商品。因為消費者買得開心，廠商便順勢把存貨銷出，百貨公司則賺到了人潮。

「講特權」也是人性之一，別人要排隊，你卻不必；別人花費上千元，你只要花費上百元。百貨公司發行的各式聯名卡、ＶＩＰ卡都是讓消費者享受特權，這些就是讓消費者願意更進一步花錢的行銷工具。

有一次，我舉辦愛馬仕包特賣會。一開始我要求客戶不能靠近包包，也不能觸摸，連靠著玻璃櫃都不行。後來有一位女士，自稱是愛馬仕的ＶＩＰ，她說很喜歡現場的包包，想聞一下包包的味道，也想試拿一下，感受一下手感，我聽了覺得有道理，就決定在監督之下，只讓她一個人戴著手套試聞和試拿。隔天的特賣會上，這位女士抵擋不住想買包包的欲望，喊價喊到她的先生不斷阻止，這就是享有特權的魅力。

「看山是山，看山不是山。」商人的行銷手法無時無刻都在推陳出新，而永遠不變的是獲利空間。所以，消費者要買到喜歡的東西，又不會當冤大頭，也就是能買到喜歡又物美價廉的商品，還是需要非常理性的思考。

秦老闆語錄

「送你小禮物，捧你當公主。」

這是千古以來商家的銷售金牌，幾乎沒有人可以逃脫這種行銷手法，秦老闆在無數次鑑定、鑑價的經驗裡，深深理解這種非理性購物的後果。非常多客戶買回來的寶物，是他們在促銷、展覽、週年慶活動中購買的，這些物品真的有相對應的價值嗎？我常常告訴客戶的一句話，也是我的經驗：「買東西一定要做功課，切勿以耳代目。」什麼意思呢？耳朵所聽到的，往往都是渲染之詞，它跟事實的距離就是你與智慧的距離。

1-5

典當做公益？行善也有分寸

公益管理的心法是「問心無愧、自得其樂」，無論有錢沒錢都能做公益，前提是必須考慮自身能力。

來當鋪的人，幾乎都是為了張羅金錢、處理個人或公司的財務問題，態度很明確。但是曾經有一位客戶，每一次來當鋪，我們都很「害怕」，因為他來典當是為了做公益。他會翻本子告訴我們，哪一間育幼院現在正缺錢，或是哪裡有病重的孤兒需要幫忙，還會要求我們也一起捐錢。

我們怕他不是因為怕捐錢，而是對於捐錢這件事，每個人有各自的規劃，在有限的能力下，會有一定程度的金額和捐助對象，不像這位顧客看到別人很可憐，就不管自身狀況拚命捐錢。

我實在對這位客戶很好奇，怎麼會有人捐錢捐進當鋪裡呢？照理講，應該是自己有一元捐五毛，他卻是有一元硬要捐兩元，不夠的一元就跑來當鋪典當，我們收他的利息都覺得慚愧。我建議他以後固定向認同的救助單位捐款一定金額就好，但是他說他沒辦法控制自己，只要看到可憐人需要錢，就會把手邊的錢都捐出去。

我想起自己年輕時常遇到的事，有的客戶連吃飯的錢都沒有，拿著破打火機、收音機上門典當，我於心不忍，乾脆直接給出幾百元現金，也不要他們還。結果，這扇門一打開，越來越多人找上門來，我才驚覺行善是需要管理的。

一開始我限定行善金額，但是在捐款完之後，還有人需要錢，那該怎麼辦？後來我發現每年年終的遊民宴立意很好，不會看到遊民就給錢，而是集中一次讓遊民吃飽過好年，定時定向地做一件公益。例如，有位議員每年會辦一次清寒園遊會，我就會捐款十萬支持這樣的活動。

一開始提到的那位客戶，在做公益時肯定也疏忽了家人，否則不會跑到當鋪來借錢。我建議他必須做公益管理，把台灣行善團體列出來，看哪一個最適合，每年依據自己的能力按月撥錢做公益。如果真的看到很可憐的案例，可以問看看受款單位能否伸出援手。

做公益要發「大心」，而非「小心」，每年有預算並且經年累月地做，才是真公益。公益管理的心法是「問心無愧、自得其樂」，無論有錢沒錢都能做公益，前提是必須考慮自身能力，不然就會像這位客戶，行為令人佩服，卻無法長遠執行。

秦老闆語錄

「慈悲心需要緣分。」

慈悲的心，每個人生來都有，見人溺水而伸出援手，就是天生的慈悲心。然而，社會上需要慈悲的地方實在太多了，以我們家來說，每個月有兩個慈善單位固定來收善款。

我覺得收善款的人非常辛苦，於是建議對方給我帳號，讓我們直接匯錢過去。後來，兩個單位的慈善人員異口同聲拒絕，我覺得很詫異，問了之後才知道用電匯繳善款，無法「統計」善心，在慈善機關就會失去業績。我聽了啼笑皆非，心想，原來功德也必須量化成業績。

社會上有非常多的義工，為了幫助他人默默耕耘；也有一些義工，斤斤計較善行是否被登錄。有些人還把捐款的收據裝訂成冊，不時拿來當作話題。所以，當有人急需援助時，你可以量力為之，如果是用跑當鋪借錢的方式做公益，恐怕帶有很大的功利主義。

1-6

金錢萬能，死後無用

假如不能把錢花在正途，你的錢和冥紙有何不同？

清明節掃墓時，我負責到金紙店買香紙燭，不知道該怎麼買，幸好老闆很專業，問我紙錢要做什麼用途。我說要掃墓用，他便給我金紙、銀紙，又問有沒有拜土地公。我還在猶豫，不過想到土地公就是「里長伯」，也決定應該拜一下。他又建議我買香，說香代表「金條」。我以為這樣已經很澎湃，沒想到老闆回說還不夠，最好再買一個「真金條」，比較有誠意。

老闆拿出兩條亮晃晃的「金條」，若是貨真價實的真金，應該足足有兩公斤。添購「金條」後，他又說話：「你應該要再買一些紙鈔！」說完就從櫃檯下方拿出一疊千元新台幣，跟真鈔很相似。我太好奇，忍不住問他：「祖先不是都變神仙了？怎麼還要用紙鈔呢？」老闆說紙鈔是一定要的，不然祖先沒錢花會不快活。他還問了我的祖籍，在回答山東之後，他立刻又說：「喔！這樣你應該再來一點人民幣，方便他回鄉探親。如果想讓祖先出國旅遊，也可以買一點美元；如果擔心祖先過海關被刁難，這裡還有美國運通支票……。」

這實在太有趣了，金紙店老闆彷彿是「中央印製廠」，什麼錢都有。在踏進店之前我暗忖，這年頭金紙店要如何生存？經過老闆這番推銷之後，我完全不替這個行業擔心了。當天買了近千元的掃墓用品，燒了半個小時，實在很不環保。

人要錢，沒想到鬼和神仙也需要，看來錢「生不帶來，死不帶去」的說法是錯的，有錢能在冥國買很多東西，每個人都會為錢傷腦筋，錢怎樣都不夠，錢太迷人了！

我是開當鋪的，每天都跟錢接觸，其實和鬼差不多，因為庫存現金看起來都跟金紙店的紙鈔差不多。我冷靜地檢討自己，每天看到的也都是「錢」，可是這些東西真的有用嗎？那些一心想供奉祖先的人，是不是以凡人的想法幻想死後世界的遊戲規則？

我的客戶來找我時，大部分是為了調頭寸而急如星火，就像《大宅門》裡的白景琦說的：「錢是王八蛋。」人們為了錢可以違背良心、拋妻棄子、胡作非為。因為掃墓去金紙店走了一趟之後，我認為錢要用在正道，而且知足即可。

燒再多的錢，祖先其實也拿不到，假如真的冥冥中有靈，祖先會希望後輩時刻惦記著他們，而不只是燒錢。再說，假如不能把錢花在正途，你的錢和冥紙有何不同？賺錢辛苦，把錢花在有意義的事情上，才是賺錢和花錢的真正意義。

秦老闆語錄

「死要錢是每天發生的事。」

以前聽人講死要錢，都覺得是一句污辱人的話，但是沒想到死要錢，真的發生在生活周遭。別的不說，一個人去世了，他可能想風風光光地辦一場告別式。一般而言，告別式最多三個小時，但是一場告別式辦下來，沒有個十萬、八萬，根本別提。

每次我去參加告別式，看到海一般的花，和繞樑不絕的哀樂，都覺得人一定要有錢，不然的話就「死不起」。《大宅門》一書裡，面對家族內鬥、同業競爭，以及人性的險惡，白景琦老闆脫口說出「錢是王八蛋」這句話。自古以來，為了錢而喪心病狂的人，比比皆是，臨死之前，還諄諄叮嚀子孫死後多燒紙錢，最好是金山銀庫。仔細想想，真的非常可笑！活著要錢，死了要錢有何用？

1-7

降低物欲，遠離貪嗔痴

貪就像陷阱裡的餌，總是飄香千里，聞者動容，跳進這個陷阱的人前仆後繼。

我常說：「這個世界的傻瓜太多，讓某些人很開心。」我也常在演講、主持或受訪時大聲疾呼，騙子如太何讓人上鉤。但是，每天仍然看到很多人被騙，就像是飛蛾撲火一般。

曾經有一位大學教授來拜訪我，與我洽談大學開課的事，我們聊著聊著，他突然從包包裡拿出一份買賣合約，說是他的母親最近買的一顆彩鑽，想請我看看。

我答應了，但是彩鑽在哪裡？教授說彩鑽在商家那裡。這是什麼邏輯？買了彩鑽，但是鑽石不在買家手上。教授說，這家公司看好彩鑽的價錢會飛漲至一到兩倍，因此提出一項優惠專案，買一顆彩鑽放在他們公司增值，每個月可以分紅領錢，只要三年就能回本，屆時等於是免費多拿到一顆彩鑽⋯⋯。

我常對大家說，[4]GIA白鑽是「珠寶中學學生」的課程，花式切割鑽石是「珠寶大學學生」的課程，彩鑽則是「珠寶研究所學生」的領域。淨度、重量、車工都可以數據化，唯獨「顏色」無法，因此沒有絕對的標準，更何況彩鑽的顏色，很多是靠人工技術優化，例如墊色、雷射、輻射、鍍色等，這些學問博大精深，切勿向來歷不明或不熟悉的人購買。

再看一眼買賣合約書，我發現合約書上的乙方，正是我的客戶。上個月，她才因為買賣糾紛被人告上法院。她的銷售方式到底對不對，我不予評論，但是知道向她購買的人還真不少，就覺得很感嘆。如果把錯都怪在她身上，其實有失公允，我們不妨捫心自問，這世界上為什麼老是有人會上當？

---

[4] **GIA：**
全名是 Gemological Institute of America，美國寶石學院是全世界鑽石鑑定最權威的機構。

我常說，人生難過貪嗔痴。貪就像陷阱裡的餌，總是飄香千里，聞者動容，跳進這個陷阱的人前仆後繼。嗔號無名，現今罹患心理疾病的人很多，無端打人、無差別殺人的案例越來越多。痴則是一心想當神仙，想著永生，還想要發財。

我為什麼會說：「這個世界的傻瓜太多，讓某些人很開心。」這裡提到的「傻瓜」，指的是被騙的人，他們是社會的花絮，也是未受騙的人心裡的慰藉。所以，如果不想當傻瓜，就要保有清貧的思維，懂得降低物質欲望，否則很容易陷入絕境裡不可自拔。貪嗔痴的唯一解藥，是自己。

秦老闆語錄

「詐騙是這個世界升級最快的產業。」

這幾年，詐騙已成為社會最關鍵的用詞。在你周遭的人絕對有被騙過的經驗，只是多少而已。無論是在媒體上或現實生活中，幾乎都有可能被騙，譬如電話詐騙，它已經成為人們共同的話題，據說，年輕人為了防止家中的老人被電話詐騙，都把家裡的座機取消了。

中華電信的調查報告裡，在二〇一五～二〇二〇年之內，家裡設座機電話的占比，每年減少十五%，可見這些騙子的影響力有多大。其實，每個人都會受騙，因為人人心裡都有一個貪心的小天使，它隨時在你的腦袋裡跳舞，當騙子的音樂聲響起時，你的理智就被打趴了。

第二章

談錢說理 在當鋪看見社會縮影

感性與理性的交替，就是人生價值的累積，
錢往往是天秤兩邊的籌碼，在「給」與「受」之間，
平衡永遠都是難事。俗話說談錢傷感情，
若能做到問心無愧、從容而對，也是一種智慧。

2-1

尊嚴或面子，你選哪一個？

年輕人通常愛面子，老年人則注重尊嚴，無論如何別忘了，捍衛自己存在的價值，是活得快樂的重要因素。

王先生來當鋪典當一支手錶，這支新錶的價格是兩百萬左右，若以王先生戴的錶來衡量他的家產，他應該有上億身價。我好奇問王先生典當的原因，他支支吾吾地反問我：「你知道一個愛馬仕雙色柏金包大概要多少錢？」我說要看款式而定，大概也要六十萬到八十萬。他點點頭，這和他打聽的價格差不多，只是我在想，男生買柏金包做什麼？

原來是前幾天他帶女友參加婚宴，隔壁桌的貴婦提了一個雙色柏金包，女友覺得很好看，便問他何時也買同樣一款的包包給她？當時酒酣耳熱，王先生在眾人面前豪氣答應女友明天就買。隔天早上，王先生被女友叫醒，問他何時要買包包？他大吃一驚，覺得似乎非買不可了。後來，他才發現雙色柏金包的價格驚人，而且沒有現貨，必須先付訂金。我很好奇，王先生買不了不到百萬元的柏金包，卻能擁有兩倍價格的手錶？

王先生說他從事的工作，周遭人人都在炫富，因為一旦穿著寒酸就難有業績，而手錶則是拿繳房貸的錢買來的。聽完了他的故事，我和他分享我的人生經驗。一次宴會中，在酒過三巡之後，有人在旁起鬨拱我請客，那時候的高檔餐廳，一桌要價三萬五千元，我總共要請兩桌。那時每月公關費不過三萬，我只好勒緊褲帶，之後好幾個月省吃儉用，最要命的是，等著我請客的人越來越多。

其實，我覺得氣質好，拿什麼包包都好看。扶輪社有一位總監，他在環保、捐血和照顧弱勢族群等方面非常投入，他總是一套舊西裝、揹著一只環保袋，從來沒人覺得他看起來不稱頭。他想的是，若自己打扮太正式，會令別人不自在。

我曾有位客戶來典當金飾，開價二十萬，評估後只有十五萬。他很苦惱，因為父親過世了，而父親生前欠朋友二十萬，他認為需要籌到這筆錢幫父親還債，我跟他說，這年代不必「父債子還」，他卻相當堅持，因為父親總是教他做人要誠信。因此，他覺得必須讓父親清清白白離開，即使債權人沒有向他催討，他也執意要還清父親的債務。

有人為了面子，做虛無的追求；有人為了原則，堅守誠信，尋求實際的解決方法。不同的動機，導向不同的路，結果當然也不同。面子和尊嚴，代表一個人的成長路程，年輕人通常愛面子，老年人則注重尊嚴，無論如何別忘了，捍衛自己存在的價值，是活得快樂的重要因素。

秦老闆語錄

「死要面子活受罪。」

這句話的意思是，有些人想在社群裡表現得有身分地位，特別花錢妝點自己。我有很多客戶，他們所有的財產都配戴在身上，可能是一隻勞力士錶、一條三兩重的金項鍊，或者是一枚五克拉的鑽石戒指，只要缺錢，他們就會來典當。他們的想法是可以缺錢，但是不能不戴奢侈品出門。

其實，這是很可笑的行為，因為面子往往都是短暫的，成功的點綴也許贏得一時的讚嘆，時間一長，大家終究會知道你是一個空心大老官（虛有其表的人）。這個社會上，還是有很多賢達，深知財不露白的道理，除了服裝、配件很樸素以外，言詞也非常謙卑，因為他們知道要走長路就得備糧，炫耀只會帶來危險。

2-2 莫讓難言之隱變心病

在萬不得已的時刻，尤其該壯士斷腕，切莫為了面子，路走偏鋒。

趙先生是一位建商，常到當鋪挖寶，聽說我在年終舉辦特賣會，特別前來拜訪，希望把三十多年來的收藏品也放到特賣會上賣。我向他解釋，特賣會上的物品都是[1]流當品，如果他真的有變現需求，我可以幫他另辦一場拍賣會。

他聽了很高興，我們便約定一天，他將家中值得放入拍賣會的收藏品帶來給我看。沒想到當天他遲遲未到，讓我很納悶，過了一小時後才終於現身，一見面他兩手空空，支支吾吾地說來不及回家拿，我們便約改天再見。

[1] **流當品：**
意指「逾典當期 95 天，且質借人未表示取贖意願的典當物」。

離開不久後，我便接到他的電話，打來問我能不能一起吃飯，我懷疑其中有什麼問題，於是回答：「你來我的公司，才有精良的設備可以鑑定收藏品，吃飯只能聊家常。」趙先生說：「對！我就是要跟你聊家常。」

原來，因為房市不景氣，他的公司岌岌可危，想用多年前蒐集市價約一億、兩億的寶物解決燃眉之急。我提出的拍賣會計劃，他回家後與太太討論，太太卻強烈反對，認為家裡經濟狀況沒有想像中糟糕（趙先生沒有跟太太坦承公司的狀況）。另外，太太很在意社交圈的看法，認為辦拍賣會容易給別人家道中落的感覺。

聽完他的難言之隱，我跟他說了一個故事。一位八十七歲的老先生家境優渥，很喜歡蒐集古董文物，常拿古董來跟我切磋研究，我建議他及早處理手上的古董，以免將來可能很麻煩。老先生不以為意，他說早就跟兒子們講好，如果有一天過世，他們不可以賤價變賣他的古董。後來，老先生去世了。

有一次我幫一位古董商鑑定一幅字畫，驚覺是老先生遺留的物品。古董商說，老先生的兒女為求快速變現，又不懂行情，因此賤價賣給了他。很可惜，老先生最大的遺願，最終沒有達成。

說完老先生的故事，我誠懇地建議趙先生，早一點規劃，徹底解決問題，可以賣的收藏品盡量賣，如果不方便公開賣的話，可以賣給朋友，我能幫他為物品鑑價。趙先生聽完後，打電話跟太太坦承溝通，太太才了解事情的嚴重性，同意拍賣。沒幾天，這位朋友拿了許多收藏品給我鑑價，他的朋友聽到是由我幫忙鑑價，立刻出了三千多萬買走全部的收藏品。

有些「難言之隱」的問題，大部分都可以解決，只是礙於面子和想法，使得「難言」的部分變成了心病，這只會讓問題更難解決，尤其是財務上的問題。我建議一定要跟家人同甘共苦，也不要怕沒面子，徹底落實自己的解決之道，只要不心懷騙人、傷人、毀人的心，依然是坦蕩蕩的君子。

秦老闆語錄

「事業，不是人生的全部。」

人的事業起伏不定，我們在當鋪裡常常看到有人起高樓，有人宴賓客，而有人的樓塌了。其實，事業成敗不一定能歸因於一時疏忽，或運氣使然，經商是一門深奧的學問，哪怕是財務金融博士也不見得能把事業做好。

假設你在事業上遇到了困難挫折，當然要想盡辦法解決，但是，挖東補西的方式絕不可取。在萬不得已的時刻，尤其該壯士斷腕，切莫為了面子，路走偏鋒，我看過很多人，本來可以從容而退，最後搞到人皆棄之。在失敗裡找出自己的退路，這是一種真正的智慧。

2-3

手足是資產還是負債？

我想身為手足，是非常深厚的緣分，也許彼此會吃一點虧，但是別讓善緣變成孽緣，多為對方想，手足就會是彼此在世上最親密的人。

某一天，有位中年人拿著「影印的當票」來店裡，要求我們給他看典當物，我們當然拒絕了，對方暴跳如雷，自稱是典當人的親哥哥，還出示身分證。因為於法無據，我們建議他請弟弟一起過來當面處理，他回說和對方已是仇人，無法聯絡。他當下處在盛怒的狀態，半小時後，來了一票人在店門口叫囂。

我看這樣下去不行，便跟對方再三說明不能答應的原因，不是要蓄意刁難他。我請他喝咖啡，幫他想想還可以怎麼做。坐下來喝咖啡後，他的情緒比較緩和了，我才問他親兄弟怎麼會搞成這樣？

他很感慨地說，弟弟從小調皮搗蛋，都是他在幫忙擦屁股，但是對方不懂感激，屢屢做出一些親痛仇快的事。他說，當票裡的物品是一支勞力士手錶，是弟弟跑回家裡偷偷拿走的。他想報警，但是家中的老父親怕弟弟有案底，堅持不准。

典當物再半個月就到期，我答應他屆時能幫忙處理。沒想到過幾天，弟弟拿著當票要來贖回手錶，我很傻眼，直接告訴典當人：「你的哥哥來過，他說這是他的手錶。」弟弟一聽勃然大怒，叫了一群人來店門口嗆聲。

我好言相勸，明白跟他說，我相信手錶是哥哥的。典當人這時才坦承，這幾年他和哥哥的關係很不好，我又問，是從小就兄弟失和嗎？弟弟沉默一會兒，他說小時候感情還不錯，有一次若不是哥哥救他，他早就溺死了。我讓他想想，如果哥哥真的被激怒報警，他因竊盜罪入牢，老父親要怎麼辦？他想了想回答：「你跟我哥說，手錶就算了，別再打電話給我！」

等到當票到期，哥哥如期現身。我跟他說：「弟弟有來贖錶，他是想還給你，對典當手錶一事感到抱歉。」哥哥沒好氣地跟我說：「你怎麼沒叫他把錢留下？」我說弟弟很感念，也提到小時候溺水被救起的往事，哥哥聽到這裡臉色一變，回答：「沒想到他還記得！」

我建議他打電話給弟弟，和他說一聲手錶拿走了，這樣比較好。事後哥哥轉述，他和弟弟通電話的時候都沉默半晌，哥哥迸出一句：「謝謝啦！以後不要再拿我手錶。」就掛了電話。

其實兄弟都是好人，偏偏見了面就會吵架，我想身為手足，是非常深厚的緣分，也許會吃一點虧，但是別讓善緣變成孽緣，多為對方想，手足就會是彼此在世上最親密的人。

秦老闆語錄

「修得同舟需百歲，能為手足緣千年。」

在浩瀚的宇宙裡，兩顆星星能碰在一起的機會微乎其微，今生有幸得以為人，還有兄弟姊妹可以為伴，這樣的緣分是難以形容的。在當鋪裡經常看到手足之間的紛爭，對簿公堂、鬥毆街頭，或是互揭瘡疤。

這是怎麼回事？一句話可以概括——[2]過盡千帆皆為利。小時候，兄弟姊妹打打鬧鬧，牽手而行，充滿了童稚的純真，等到成年以後，彼此為了家產，為了地位，甚至為了面子，手足相殘起來，這是人世間莫大的悲哀。面對這一類的事情，其實只要想得通，就不至於走入絕境。大家都聽過孔融讓梨的故事，故事非常簡單，只要有一個人肯讓，過去的感情就會顯現，可惜的是，很多人寧可血濺三尺、半步不讓，真是件悲哀的事。

[2] **過盡千帆皆為利：**
長江上的船隻來回穿梭，都是為了利益而忙碌。

2-4

談錢傷感情，該理性還是感性？

理性讓我們記得自己多麼渺小、脆弱、想活下去；感性讓我們知道，要活得有尊嚴、有價值、快樂。

劉董事長是一位退休的企業家，平常會帶夫人來店內的流當品銷售部門購買飾品。有一天劉董專程來找我，一番寒暄後，他拿出一支精美的限量名錶問我：「這支錶能當多少錢？」我愣了一下，對他說：「一百五十萬」。劉董接下來的提問讓我更吃驚，他說：「你覺得我當多少錢比較好？」

因為完全不了解他的想法，所以我小心翼翼地說：「我不知道您需要多少錢？」他突然長嘆一聲說：「我想用這支手錶借錢，越多越好，可是我又希望盡量典當少一點。」我聽了後沉吟半晌，跟他說：「需要用錢，而且越多越好，幾乎是所有客戶的心聲，但您卻想典當少一點，願聞其詳？」

劉董說：「我的弟弟最近身患重病，剛手術完，準備出院，他家境並不好，子女能力又有限，我昨天去醫院看他，雖然他沒有向我借錢，但從他的眼裡我看出了殷切之情。太太語重心長地對我說：『你要幫你弟弟，千萬要量力而為。』為此我失眠了，依弟弟的病情，恐怕需要一筆很大的費用，我到底該拿出十萬、二十萬，還是給他一筆充裕的款項，讓他放心治病？」

最後我們商量，用這支名錶質借一百萬，原因是什麼呢？劉董是當事人，被理性與感性拉扯，已經是六神無主，我是外人，不論理性與感性層面都能比較客觀地分析。我想，劉董的兄弟姊妹不止兩人，加上他的弟弟也有家人，如果這個責任完全由他扛，他的太太一定沒辦法接受。

從另一個角度來看，如果劉董只是拿出二十萬至三十萬，把事情敷衍過去，若干年後，當他的弟弟不在了，他幡然回想起今天的決定，必定會深深懊悔，這是感性層面。所以，我建議劉董出借一百萬給弟弟，在太座能接受的極限內展現理性的一面，也能在感性面獲得永遠的踏實，感情沒辦法用金錢衡量，但有時仍要做出痛苦的抉擇。

理性讓我們記得自己多麼渺小、脆弱、想活下去；感性讓我們知道，要活得有尊嚴、有價值、快樂。感性與理性的交替，就是人生價值的累積，錢往往是天秤兩邊的籌碼，在「給」與「受」之間，平衡永遠都是難事。

秦老闆語錄

「一件難以抉擇的事，你要這樣思考：如果十年以後，你還耿耿於懷，此刻就應該去做；如果十年以後，你根本記不起來，現在的喜樂悲苦，皆是枉然。」

劉董事長是一位有錢的企業家，我相信他在生意場上馳騁已久，不會為了區區的百萬傷透腦筋，然而，這也反映這個世間的混亂與無奈，因為重點不是錢多少，是我們要應付非常多的眼光和質疑。

我們偶爾想闖一下紅燈，不但法理不允許，路上的人恐怕也會指責，因為紅燈是為了維持秩序。人與人之間如果沒有溫情，就像是走在滿布紅綠燈的路上，每走一步都要抬頭看是紅燈或綠燈，這裡面有世俗、法律、價值，更有遠近親疏的考量，太累了！

當我們撥動內心最深處的心弦，竟然奏不出聲音。劉董事長很想給他弟弟一百五十萬，甚至更多，但是他知道自己的家人一定會有意見，更重要的是，弟弟的家人恐怕也會有看法。這就是世間的無奈，兄弟姊妹也好，老闆員工也好，老師學生也好，走到人生中途，越顯現出富貴貧賤不同的命運。但是千萬別忘了，因為今天的疏忽，十年後的某個夜晚，你將輾轉反側，難以成眠。

2-5

人溺己溺，在當鋪遇見溫柔與慈悲

金銀財寶都是生不帶來、死不帶去的東西，個人和企業都該有使命感，造福更多人，而不是獨善其身、麻木不仁。

二〇一五年八仙塵爆事件過後，我想要盡點心力。那年七月一日上班時，一名年約三十多歲的女士在櫥窗旁四處張望，我本來不以為意，在辦公室忙了一會兒後，發現那位女子還在，詢問之後，才知道是來找我的。

我將這位女士招呼到辦公室裡，發現她說話態度卑微，輕聲細語。她說自從八仙塵爆事件發生後，徹夜難眠，我心想，這該不會是來勸募的吧？便趕緊向她表示我會捐款，但會從扶輪社那邊捐……話剛說完，她從包包裡拿出了三樣東西：伯爵鑽錶、翠玉手鐲、鑽石項鍊。

她說自己家境不錯，先生經商，自己是家庭主婦，看到八仙塵爆的可憐受害者很心疼，想出錢幫忙，卻不好意思向先生開口，便想從家裡把較少配戴的首飾拿出來典當，再把錢捐出去。

她說伯爵手錶是先生送的，覺得太華麗捨不得戴；翠玉手鐲是母親送的，是傳家寶，但是她相信母親會諒解；鑽石項鍊是結婚禮物，她只戴過兩次。

我聽完的第一個想法是：拒絕。我向她解釋，這三樣東西的買價與當價差很多，買價上百萬，當價才幾十萬而已。至於傳家寶，要接受流當，有違我的做人原則，因此我建議她到珠寶店「賣」，會值更多錢。那女士想了想說：「秦老闆，我常在電視上看到你說一些人生哲理，很佩服。希望透過你完成我的願望。」

我問她想捐助多少錢，她回說一百萬，並且說從未找過陌生人求助。這些話聽起來讓我更加為難，因為她的溫柔和慈悲，我無法按照一般的生意流程進行。

後來我決定翠玉手鐲不要當，因為有違母親的心意，鑽石項鍊也是紀念性質的禮物，那麼就當伯爵手錶吧！我當給她一百萬，讓她把錢捐出去，並且跟她說，假如她反悔或是先生有意見，隨時可以把錶拿回去。

那位女士聽完很開心，臨別前跟我說，如果我覺得很為難，她立刻回家跟先生拿錢把錶贖回去，我說不會，只是心中感嘆，三十多歲的人竟然如此善良，而且還能這般謙卑，實在少見，著實令我感動。

我常跟人說，金銀財寶都是生不帶來、死不帶去的東西，個人和企業都該有使命感，造福更多的人，而不是獨善其身、麻木不仁。其實，現今的當鋪也越來越少這樣的人出現了，希望上天能賜福給這位女士。

秦老闆語錄

「有錢人的定義是什麼？捐錢多的人才算有錢人。」

有一次，我的朋友幫我介紹一位赫赫有名的黑道大哥，這位仁兄想跟我買流當品配戴。雙方見面後，談了不到三分鐘，話不投機，我就端茶送客。電梯裡，朋友很詫異地跟我說：「他是有錢人，也是大客戶，你應該很有禮貌地招待他。」我跟朋友說：「有錢人會平白無故的把錢送給我嗎？我賺錢靠的是我的專業，不是靠巴結別人。」

另外，我不清楚這位客人有沒有錢，但是他非常沒有水準，這我可以確定。中國人講人溺己溺，這是發自內心的慈悲；佛教說發善心比用恆河沙數般的財寶布施更有功德，也就是說用財物救助他人，不如時常心生善念。

這個世界永遠不會公平，災難也不斷發生，當悲劇的事發生在周遭親友身上，我們往往痛不欲生，當災難發生在別人身上，人們好像事不關己。如果我們也心存憐憫，見溺援手相救，這就是一個有感情的人。

我一生見過幾位為善不欲人知的好人，從不計較別人是否知道他做過多少好事。比如，我有位長輩隻身在台、孤零一人，他去世的時候，我從他唯一的木箱裡，找出幾百張的捐款收據，這種以天下蒼生為念的精神，就是佛陀所說的菩薩行。

2-6

我有錢，但是不想借給你

待人客氣本來是沒有條件的，但是沒有條件的客氣會變成偽客氣，誤導別人，讓人以為一切好意都是無償的。

有次在捷運站附近，遇到一位年輕人問路，我回答了他，他卻沒有離開，接著說他的錢掉在捷運上，要去談事情得借點錢。我嚇了一跳，跟他說我沒有帶錢在身上，他很不高興地轉身跟別人借，嚇到不少路人。我覺得這樣不是辦法，於是答應借他錢，條件是不要再去騷擾路人。

這樣的人很多，在當鋪裡更多。有一些質借物期滿三個月，卻還沒有被贖回，遇到這種情況，我們會先打電話通知客戶，請對方給一個期限，儘管客戶很高興質借物沒有在滿當後直接變成流當品，卻還是給出「明年」再贖回這樣誇張的期限。我們畢竟要做生意，當然只能回絕，客戶常因此生氣，我們只好再告知，物品最多能再延三個月（一共六個月）。結果，客戶往往八個月後才上門來，卻發現物品已經流當。

其實，給客戶寬限到期日是好意，卻容易被當成理所當然。另外，也可能有其他狀況，像是客戶會說停車不方便，要我們到停車的地方辦理典當手續，下一次，會把車子停在捷運站，要我們過去服務。再下一次，又可能將車子停在百貨公司，甚至要求我們直接去他的公司。

一開始，我們希望給人方便，但是越來越高的要求，總是超出我們能做到的預期。我們也曾試辦到府服務，卻被客戶的家人罵，還差點被打，鑑定工作上也有問題，因為專業儀器都在公司，鑑定上比較困難，另外帶著鉅款在外面也實在不方便，因此後來停止提供這樣的服務。

客戶總是會挑戰我們的臨界點，同樣的東西希望能借到比上一次更多，我們不同意，就會罵人。有時候，我心軟多借了一些錢，並表示下不為例，然而下一次，客戶會拿著上次的金額作為依據，要求往上增借，甚至嗆聲：「有差這一萬嗎？對你只是九牛一毛吧！」讓我大嘆：好人難為。我的讓步和妥協是為了幫人度過難關，結果卻被視為無情無義。

待人客氣本來是沒有條件的，但是沒有條件的客氣會變成偽客氣，誤導別人，讓人以為一切好意都是無償的，最後，只能怪自己沒有先把話說清楚，讓別人誤把我們的客氣當成理所當然。所以，我們要找出止損點，堅定自己的立場。

下回遇到在路上故意跟人借錢、實則想賺錢的人，我要回他：「我有錢，但是不想借給你。」

秦老闆語錄

「理直氣壯，不亢不卑，是贏得別人尊重的唯一法門。」

在生活中，你可能一天要拒絕別人好幾次，因為工作的關係，有的甚至是幾百次。比如，警察封路，附近的人就會哀求警察給個方便，反正別人也沒看到，而警察一天要拒絕非常多附近的住戶，心情可以理解。拒絕別人往往得到的是輕蔑和鄙視，尤有甚者，有時你為了息事寧人，把「謙卑」這個碗都端了出來，但是，摔碗的聲音時有所聞。

求好求全的結果，十之八九都是被人軟土深掘。比如，某人上次跟你借錢，你好不容易把錢要了回來，改天這位朋友又開口了，此刻你不想借了，因為向人要債很那痛苦。不料，被拒絕的這位朋友冷嘲熱諷地說：「早知道上次跟你借的，就不還你了。」你聽了以後不會昏倒嗎？

所以，在讓步與妥協前，必須要理直氣壯，因為你有道理。「我上次借你，是因為我有錢；這次不借，是我沒錢。你可以不相信，但是你的態度不能這麼差。」

在這個社會裡，待人處事常常變得兩極化，無利可圖的就馬虎應付，甚至惡言相向；有利可圖的就笑臉相迎，巧言令色。如果每一次你都要選擇用哪一種態度，你可能會選錯、踩到地雷，因為，胸襟正是知識的表現，沒有知識的人很可能猜錯，那麼你的損失可能不是客戶或朋友，而是你不小心得罪了貴人或踢走了財神爺。

2-7

以假亂真，壞人機會多

現在社會上，很多人買假貨是明知故買，為了給自己充面子，買些假名牌來配戴。

現今騙子不少，大家早已見怪不怪，習以為常。曾經，有一對年輕情侶來店裡，他們從袋子裡拿出許多名牌包、皮夾。我們看到趕緊認真鑑定，沒想到都是假貨，而且是A級仿冒品。

當我告訴他們鑑定結果，沒想到他們面不改色地收拾東西，準備走人。我在電梯口送客時忍不住多嘴，說：「如果這些東西是買來的，我真心覺得抱歉，下次購物一定要多加小心；如果是要拿去賣的，我勸你們不要，會有法律問題。」他們聽完只是告訴我，這些東西是朋友的。我想，做生意的人要笑迎四方財，不好追根究柢，所以還是笑著送他們離開，不過當時有登錄身分證件，我對那位女生很有印象。

沒多久，我接到一些電視台記者的來電，他們想做採訪，題目是如何辨別真假名牌包，我覺得是一個很好的教育機會，便準備了很多包包接受採訪。事後，我好奇問記者，他們怎麼想做這樣的題目？記者回說，因為有位名人在網路上販賣假包包，被揭穿了。我搜尋了新聞，發現那位名人就是那天帶著皮包、皮夾來鑑定的女生，原來他們前來鑑定是別有居心，想知道貨品是否能以假亂真。

電視台播出採訪後，很多人拿包包上門來鑑定，我們發現有不少假貨，可見詐騙手法行之多年。他們以三至四折的價錢在網路上銷售名牌包，還附上證書、發票、刷卡單，看起來無懈可擊。事實上，熱感應的刷卡單很容易仿造，製作假發票和假證書，更是輕而易舉的事。

假貨盛行，除了有利可圖，也因為在法律上難以認定，尤其是沒有觸及商標法的物品，像是古董字畫。我最近鑑定了一幅溥心畬的畫作，畫作是真的，落款印章是假的，收藏人也點頭稱是。對方說溥二爺當初畫給他的爸爸時，印章在溥太太手上，若要去拿，溥太太肯定會收錢，所以他們便自行刻章、蓋印。因此，就算這幅畫作是真的，作品也變成假的了。

想判斷商品是否為假貨，可以觀察兩件事：一是明顯不合理的價錢，二是買的通路很有問題，賣方可能常常關手機，找不到人。所以，我建議高價位的物品交易，盡量面交不郵寄。這個世道不是壞人多，而是壞人機會多啊！

「買貨還需識貨人。」

現在社會上，很多人買假貨是明知故買，為了給自己充面子，買些假名牌來配戴。先不論這些刻意為之的人，仍然有許多人用買正貨的價格買到假貨，尤其在網路上特別盛行。這是因為，你只靠眼睛在螢幕上判斷，並沒有把物品拿在手上仔細地研究。有一個笑話說：花了錢在網路上訂了一隻 iPhone 手機，結果寄來的卻是一塊磚頭。在假貨充斥的年代，類似的笑話層出不窮。

我見過危害最深的是「假人」，也就是說人是假的，藉由假冒其他人的身分跟你交談或交易，等你上當後，他們便立刻消失在這個世界。在當鋪裡，我們常碰到這種人出現，他們拿來路不明的物品，再出示偽造的證件來典當。我們不是傻瓜，必要時會向對方提出一些小問題，以便查證。

有一次，我發現客戶的神色有異，我便問對方：「請問您的父親叫什麼名字？」這位客戶竟然答不出來！我相信沒人不知道自己的父親叫什麼名字。所以，「假人」也有百密一疏的時候，這一次，他倉皇而逃。

在網路的時代，「假人」超多。比如，你在網路上交朋友，大家會取一個奇怪的網路名稱，接下來在言談中不經意地秀一下背景：什麼家世顯赫、富可敵國，有名車豪宅，能呼風喚雨，也會高談流行趨勢及投資策略。最後，他打算賣東西給你，你卻發現收到的完全是次級品。

發現上當以後，回頭找這人，才發現對方人間蒸發。這一類的「假人」越來越多，被發現的機會卻越來越少，若一時疏忽，對方就換個名字捲土重來。所以我常常提醒朋友們，在網路上交易時，特別要先了解對方的口碑和風評，必要的時候，應該用電話聯絡交談，提出疑問跟看法，因為直接交流，上當的機會才會減少。

2-8

多方求證，眼見不一定為憑

關於保證書的「陷阱」非常多，如果沒有看清楚、想清楚，吃虧的還是自己。

有一次，我接到一位朋友來電，說客戶有一顆紅寶石[3]原石要賣給他，物品經過我的鑑定，估價五百萬，對方還持有我開的鑑定書。我一聽覺得奇怪，第一，我的鑑定服務都是免費的；第二，市面上的鑑定證書很多，即使是經過我鑑定的物品，也會建議客戶再找人鑑定。所以，我不開鑑定書。

我請朋友將東西帶來給我看，朋友說客戶不同意，後來輾轉讓我看到照片。我才驚覺，這和一個月前我看過的紅寶石原石，竟是同一顆！

[3] **原石：**
高品質的寶石都會經過專家設計切割，打磨成漂亮的寶石。反觀大部分未切割的原生礦石，因為品質太差，沒有開發的價值。

當時，有人在鑑寶大會上拿了一顆紅寶石原石讓我鑑定，將近有一千克拉，未經切割打磨，表示寶石的質地一般般。但凡是這種巨大的原石，都是以體積「嚇唬」人，所以我說這只能擺在魚缸，或是自己收藏把玩，因為沒有太多的商業價值。

那時，我面前站著一位貨主、兩位買家。貨主聽我這麼說，臉色不好看，說我一定是弄錯了，這是緬甸紅寶石原石，一經切割，價值將高達上億元。我確實認同這是一顆紅寶石原石，只是完全看不出是來自緬甸，質地也不好，只能當做觀賞或把玩的奇石礦物，估計大概約有十萬至二十萬的價值。貨主聽完，臉色更臭，買主則是一臉驚訝，我建議他們再找別人鑑定。

事情繞了一圈，沒想到這位貨主竟想把原石賣給我的朋友，他們開了群組集資，保證買家可以賺上億元。後來，群組的發起人得知朋友曾向我求證，他就神隱不見。為此，朋友帶了一票人來跟我道謝，說他們差一點上當受騙。

現在，利用名人背書的詐騙案很多，為避免上當，很多人在購買高價的珠寶或文物前，會指定先來我的店內鑑定。結果，我的工作量大增，時常疲於奔命，重點是體能有限，常覺得難以應付。

朋友對我說：「你只要花五分鐘，就可以避免別人傾家蕩產，這是只有你能做的善事，因為你的立場專業又公正。」雖然工作量增加讓我感覺更累，但想到社會上的詐騙陷阱真的很多，道高一尺，魔高一丈，連我都有可能上當，若有能力貢獻專長，幫助他人避免受騙，我覺得多花一點時間鑑定是值得的。因此，我計劃擴大服務範疇，在網路上和大家交流，希望能夠幫助大家。

秦老闆語錄

「盡信書不如無書，尤其是保證書。」

一般消費者非常迷信保證書，像是看到武功祕笈一般，視為珍寶，豈知保證書誰都可以開，有些開保證書的人或機關，你恐怕都沒聽過。

再者，光是看保證書是不妥當的。比如，有人拿出身分證給你看，你就信以為真，結果發現這張身分證跟此人核對不起來，而你的財物已經杳然無蹤。因此，不能只憑一張身分證就確定是本人，保證書只是做參考，不能真正保證該物的真假或價值。

很多人一心想發財，聽到別人跟他介紹奇珍異寶，耳朵就豎起來，再加一張精美的保證書，被騙的人就乖乖上當了。我看過非常多消費者，他們把垃圾保證書當作寶物一樣收藏起來，到我這兒鑑定時，會小心翼翼地把保證書拿出來展示一番。等鑑定完畢，才發現那張證明華而不實，可能沒有一點價值。這件事給我們的啟發是——任何證書都不足為憑。因為賣給你的人，他有沒有資格給你保證，你尚且不知，更遑論日後會得到什麼樣的保證。

有些朋友非常崇洋，看到英文保證書便像是失去理智，如獲至寶般收藏起來。但是，英文保證書假的更多，我看過一份寶石的英文保證書，將GIA刻意印成CIA，大家都知道CIA是美國中情局的簡稱。當我解釋給客戶聽，對方直呼：「沒錯沒錯，就是美國中情局開立的。」我真是差點暈倒。

市面上有非常多的物品都附有保證書，如果遇到有商譽的商家，只要把物品拿出來，商家立刻能知道是不是他們販賣的，包括何時賣出、賣多少錢，這些都可以查得到。另外，他們一定負責任，為客戶維修、換新。

此外，保證書也可能令人食之無味，棄之可惜。有一次，我買了一台電風扇，用了一年多竟然壞了，我趕緊拿著保證書、提著電扇去找商家要求免費維修，商家說這台電風扇只保固一年，我這台已使用一年兩個月，所以抱歉，沒辦法免費維修。我跟商家說：「電風扇一年只會用四個月，為什麼品質保證是一年呢？電鍋每天使用，都可以保固三年了！」店家兩手一攤，沒有回答。

所以，關於保證書的「陷阱」非常多，如果沒有看清楚、想清楚，吃虧的還是自己。

2-9

假消息不攻自破，客觀是唯一正解

最好的情況，就是你演你的，我看我的，不點破，保持客觀，就能確保自己的安全。

政府近年開始響應世界潮流，打擊假消息。其實，當鋪對假消息司空見慣，應付假消息也是家常便飯。假消息分成三種：全假、半假，以及東西是真的、故事是假的。

全假就是東西、時間、人物等資訊，全都是假的。曾有位客戶拿了一張很舊的一萬元美鈔來鑑定，我沒見過面額一萬元的美鈔，便問了發行時間和持有原因。客戶說是一九四二年，美國為了援助蔣介石所給的資金，鈔票上印著「援助中國使用」字樣。他們說蔣介石在隧道裡藏了三、四億美元，當時來台灣太匆忙，沒帶走，客戶的爺爺因為職務而持有隧道鑰匙，輾轉拿到美鈔，所以拿來鑑定。

我看著他們猛點頭，眼中含著眼淚，心想：這個人太會說故事了，自嘆不如啊！我跟他們說抱歉，美鈔上寫著英文，我的學歷低，看不懂，請他們另請高明。

半假的消息，就是只有部分資訊是真的。有位客戶拿了一顆三百克拉的紅寶石來找我，說它價值十億元。照慣例，我先詢問物件的來由，他們說是一位在滇緬的游擊兵，受傷時摸到的石頭；在獲救之後，這顆石頭就被當成「幸運之石」。游擊兵死後，石頭被兒子發現，拿去鑑定才發現是寶物，連國際拍賣會龍頭佳士得都曾前來詢問。

這個故事太感人，我看完後跟他們說，這顆的確是紅寶石，大概只值幾十萬，不切割是因為雜質太多。他們聽了不敢置信，簡直氣炸了，在店裡大打出手。

最後一種假消息——東西是真的，故事是假的。曾經有位客戶帶了一幅廖繼春的畫作來訪，我問他如何取得，他說自己是廖繼春的堂侄，但是，我明明記得在某間畫廊看過這幅畫，便以倉庫沒有空間為由，請他改天再來。

我立刻與那一間畫廊連絡，他們說這幅畫剛被騙走！原來，有家公司來找畫廊合作，指定了八幅畫作，要掛在辦公室，結果畫作取走的隔天，支票就跳票，畫廊趕緊派人前往辦公室搶畫。那時，所有畫作都還在原地，唯獨這幅不翼而飛。

對付假消息的方式不是求證，而是客觀。因為假消息一定會被揭穿，如果也隨風起舞大肆宣揚，只會幫對方得分，成為共犯之一。最好的情況，就是你演你的，我看我的，不點破，保持客觀，就能確保自己的安全。

秦老闆語錄

「迷信妄想使你陷入錯誤，知識是你客觀判斷的唯一準則。」

普通騙子說故事的能力不高，但是，高級騙子說故事的能力，真的稱的上是登峰造極、無與倫比了。

騙子不一定要騙錢，有的騙感情，有的騙選票，更有的是騙取你的價值觀及是非感。騙你是想把你變成他的奴隸，予取予求，被騙的人則肝腦塗地、任其宰割。

高級騙子的第一招是放「假消息」，先讓謠言混淆大家的理智，比如「平行輸入的精品，比代理商便宜五〇％以上」，被假消息呼攏的人有了先入為主的想法，改天看到「平行輸入、低價出售」，就會被牽著鼻子走。

有關蔣介石時代美金寶藏的故事，我在LINE裡就看過了十幾次。每一次故事主軸不變，劇情略有改變，而那些痴心妄想發財的人，永遠不缺席，前仆後繼地想以一搏十、以一搏百，完成他們的發財夢。每年都有人上當，真是奇特的現象。

假消息有三種動機，一是準備要騙取你的錢，讓你聽了假消息後誤以為真，接著付出真金白銀，換到一堆破銅爛鐵；第二，假消息是為了打擊異己、取悅同伴，看到不喜歡的人收到假消息的沮喪狀態，放假消息的人暗自開心；第三，假消息是一種狂妄的自我放大，利用假數據、假場景，甚至變造的相片來製造事端，打擊異己。

判斷假消息的方法只有知識，如果自知知識不足，就別再傳播出去，以免傷及無辜。

第三章

自我投資　擦亮個人招牌

如果一個年輕人的志向就是他的選擇或堅持，他便贏在起跑點，但如果目標是別人安排的，那一開始就輸了。只要把自己的招牌擦亮，自然會有客人上門。

3-1 找到定位，一路走到底

只要目標不改變，能力不斷增長，就會像一輛火車朝終點奔去，偶爾略有休息，但是不會換軌也不繞道。

我曾經接過一通電話，對方邀請我擔任一間拍賣公司的總經理，據對方所言，這間公司是陸資，資本額有十億元以上。我感到很榮幸，也覺得惶恐，心想為什麼對方會來找我？我真的有能力勝任嗎？對方希望我詳加考慮，一週內答覆，我掛上電話思考了三十分鐘，便回絕了對方。

我謝謝對方提供這個機會，只是這份工作與我的人生規劃有所牴觸，再三感謝後，只能婉拒了。我認為這個決定是正確的，因為個人的定位很重要，就像船一定要有航行的目標，不然就會在大海中迷路，甚至被大海吞噬。

大約二十五歲那年，我在工作上受了很大的挫折，想轉換跑道，幾經徬徨、猶豫，半年後，一天睡覺起床突然覺悟：我應該繼續做這份工作，儘管工作不怎麼輝煌光彩，只要繼續做，一定會有所成就。當下，我定位自己要成為當鋪界的第一把交椅。

當時當鋪界人才濟濟，我這個小夥子啥也沒有，做了決定後，彷彿吃了定心丸，工作更加專心，遇到挫折也較無怨言。十年後回頭看，更加確認自己的定位很正確，身邊有不少朋友在十年間換了很多工作，卻依然一事無成。

我在很年輕時定位自己，但是論能力呢？其實能力與定位息息相關，我從一個初入行的學徒，到成為當鋪公會理事長，靠著不斷學習、從困難中找答案，才得以不斷向前。因此，只要目標不改變，能力不斷增長，就會像一輛火車朝終點奔去，偶爾略有休息，但是不會換軌也不繞道。

日前，一位朋友的兒子來找我，他是交大畢業，我問他從事什麼工作，原以為他會說工程師或在實驗室工作，結果他回我「在演舞台劇」。說實話，我很驚訝，他是一個從小念書名列前茅的孩子，順著發展一路考上了交大，大學畢業後才開始去想自己究竟喜歡什麼。

和他聊天之後，我覺得他的定位很好。定位的首要條件是熱愛目標，其他的事情就交給上帝。過程中，只要能夠不間斷地提升自我，能力自然會準備齊全。有能力又有好的定位，這輛列車肯定會駛向終點，滿載而歸。

我鼓勵他，偉大的成功者面對的是自己，不是別人。送他離開之際，我們相視而笑，一個是歷經滄桑的老戰士，一個是滿腔熱血的新青年，我相信兩人未來都會是成功的標竿！

秦老闆語錄

「立定一個目標，一路走到底，黎明就在眼前。」

每個人的人生目標，從小大到可能會不同，只要做個普通人，或者立志成為偉人。不過，人生目標會隨著個人際遇與智慧改變，有一天你得停下來，好好地想一想，決定了就再也不會改。

我的經驗是，人生目標要有挑戰性，千萬不要柿子挑軟的吃，有些人還未出社會，家裡已經幫忙安排好了，搭著直升機，似乎可以無遠弗屆。如果換一種思維，你艱辛地走每一步，摔得鼻青臉腫，需要獨自開疆闢土，必要時與命運廝殺，最後甚至壯志難成，或壯烈犧牲，這種過程難測，但收獲至大至深。

人在青壯年的時候，能無畏地開展手腳，解決無數艱難的問題，就算時常被折磨到遍體鱗傷，歷經這樣的過程，代表立定了一個好目標，因為那是你的選擇，它就是夠精彩。

烈陽下，滿街跑的 Uber Eats 催著油門趕路，短短兩個小時，他們要跑二十個單，在揮汗如雨的過程裡，他們一定覺得很辛苦。我也是憑著勇往直前的精神，建立起自己的王國，這是我數十年來身體力行的結果。

如果一個年輕人的志向是他的選擇或堅持，他便贏在起跑點，但如果目標是別人安排的，一開始就輸了。

3-2

學歷不實，骨子裡仍是乞丐

有時候學歷是一個人的「招牌」，不論你的實力如何，學歷如果金光閃閃，似乎就成功了一半。

年輕的時候，因為一心想要賺錢，我在十六歲時輟學，僅靠買舊書在家自學，那時很愛逛牯嶺街，尤愛歷史、古典文學類的書籍，往後也沒想過再入學。做生意的這段歲月裡，每次碰到資料要填寫「學歷」這個欄位時，我都會感到特別自卑，因為周圍的朋友大多擁有大學學歷，相較之下，總是覺得自學還不夠。

四十五歲時，我有了一點錢，賺錢不像以往困難，生活也顯得充裕一點，我想著還有什麼任務（或使命）需要完成。突然，我想起輟學那一天，老師傷心地要我繼續留在學校念書，一向把我視為希望的父親，也很灰心地說，輟學將使我這輩子都無法念大學。我這才發現，原來還有更高的巔峰可以攀越。

我在五十歲那年，決定報考空中大學人文系，這條路走得很辛苦，我年紀不小了，還得修滿一百三十六個學分，寒暑假都要上課，因為我計劃在五年以內畢業。當時很認真，下班時間都在念書，甚至連搭車、搭飛機的空檔，都沒有浪費。

五年後我從空大畢業，發現「讀書」和「賺錢」沒有衝突矛盾，讀書反而讓我的頭腦更清醒，對做生意也有正向幫助。那時候，剛好台大管理學院與上海復旦大學共同開設專班，給了我機會嘗試看看。

年紀大的我，學歷不漂亮，從事行業的發展性也不高。幸好，在筆試通過後，口試老師們對我網開一面，破例錄取。這使我終於能進台大念書，完成父親生前對我的期待。

因為必須往返海峽兩岸上課，對我來說，最大的考驗是體力，再加上底蘊不足，別的同學一下子就理解的事情，我得查很多資料才能跟上進度，幸好我頗受同學喜愛，得到很多人的幫助。

念統計學這門課時，我像鴨子聽雷，上課時完全不懂，作業也不會寫，只好懇請助教每天晚上來我住的飯店教我。我利用這段時間，重新回顧當鋪業的歷史，以及我努力做到的創新，突然覺得自己很厲害，不知不覺中，論文就寫了六萬多字。我的運氣很好，老師們對我青睞有加。在二〇一五年十一月底，四位口試老師一致給我A^+的成績。兩年的時間內，我成功取得了兩個學位。

當天，我一回家就哭了。一個從小輟學的人，竟也能攀上台大EMBA這個高峰，這是賺再多錢都不能擁有的成就感。以前我崇拜金錢，臨到中年，學識、智慧、慈悲才是我最想追求的人生至善，我希望年輕人不要妄自菲薄，要懂得不斷精進。父親說：「讀書才有機會」，[1]老朝奉也說：「讀

---

[1] **老朝奉：**
中國古代的當鋪業對該地區（市）當鋪裡最有學問估價員的尊稱。

書才能翻身」，我因此收穫良多。人生奇妙，困難挫折的安排，就是另創高峰的契機。

秦老闆語錄

「讀書就是追求真善美，不讀書就像汽車不進加油站。」

我的讀書歷程確實很奇葩。從小我就很喜歡讀書，喜歡沿著馬路讀招牌，遇到不認識的字，會先用鉛筆寫下來，等回家再查字典，五年級時，街上每一塊招牌上的字，我都已經能夠讀懂。

除此之外，我也很喜歡讀國文和歷史，因為這兩個科目充滿了故事，如同我喜歡認識不同招牌，因為每一塊招牌上的字，背後都有不同的意義。我將歷史故事作為借鏡，從中學習是非對錯，這是「以史為鑑」；我對英文、數學完全沒興趣，也是因為它們比較沒有故事性。

青少年期間因故輟學，說起來也是因禍得福，因為我再也不用硬著頭皮學方程式，更不用咬著舌根學英文發音。每週我會騎著腳踏車去一趟市立圖書館，載著一車書回來，讀到津津有味、廢寢忘食的地步。我最嚮往的書中人物，是鹿橋先生《未央歌》裡，那位被學生尊崇為大書箱的西南聯大教授，一個人可以讀書破萬卷，實在是一種幸福。

學歷當然很重要，有時候學歷是一個人的「招牌」，不論你的實力如何，學歷如果金光閃閃，似乎就成功了一半。這幾年來，為了學歷無所不用其極的事件層出不窮，抄襲、假造，甚至請槍手，只是為了拿到一張鍍金的證書。不擇手段得來的學歷，無論看起來多麼光彩亮麗，都跟本人沒有關係，像是一個人穿了名牌華服，骨子裡仍然是一個乞丐。

我常常說，讀書要讀到「痛哭流涕」，因為，無論是古人的高超氣節，戰爭裡的一絲人性溫暖，或是天文宇宙裡的一顆恆星，你若能心領神會，就會非常感動。從感動裡體會真善美的真理，也增強了你在奮鬥的扭力，一生一世，你只能證明自己在這個世界，曾經走過不平凡的一遭。

3-3

顛覆思維，你也能創造歷史

有時候本業試圖創新，容易有盲點或包袱，他業就像從別的山峰看向我這座山，能夠看得更全面，也更加清晰。

中國的銀行大部分是國營機構，經營策略與體制相對保守，不過近年隨著中國經濟突飛猛進，銀行業做了很多改變，不僅挖空心思吸收客戶的存款，在放款方面也有很激烈的競爭。

靠著「淘寶網」建立起事業王國的阿里巴巴集團創辦人馬雲，從事的工作原本與金融事業全不相干，他卻因創立「支付寶」，徹底改變了網路消費世界。

再來看美國的蘋果公司，一開始生產的是電腦，從沒想過要做音樂。

二十年前，最紅的行動音樂設備是Sony的數位隨身聽Walkman，擁有它的人走路有風，看起來很炫！有一天，賈伯斯突然想創造一個新的行動音樂裝置，送給他愛聽音樂的女兒，因此發明了iPod，推翻了所有市面上的音樂播放概念。

以上都是傳統創新的案例，說明了企業從內部創新改革，多少有觀念上的包袱，如果從他業的角度思考，往往可以創造新局面。

我有一位珠寶商客戶的路線就非常另類，他原本是保險業務員，後來發現有不少客戶喜歡收藏各類珠寶，於是異想天開，在兜售保單之際與客人聊珠寶，空暇時間就在各地珠寶店、當鋪、舊貨商、拍賣會找尋各類珠寶。他會在拜訪客戶的時候，打開百寶箱跟他們交流珠寶資訊，剛開始很多客戶不太能接受，認為賣保險的人怎麼可能懂珠寶？

他跑來找我，我剛開始也覺得人最好不要一心二用。沒想到，他反而對我灌輸「成本概念」，讓我很驚訝。他說，有固定銷售場所的珠寶商，每賣出一百元，就有三十元是租金成本，還有三十元的人事成本（不包含資金成本）。假如賣珠寶可以走直銷路線，這些額外費用都能省下來，消費者也能買到更實惠的珠寶，這樣不是更好？

我聽了覺得很有道理。他向我提議，他賣出的珠寶都可以到我的店裡免費鑑定，當作他的銷售保證，我則成為他的品質保證書，多聰明的一個人。兩年後，他已經成為超級珠寶業務員，賺的錢比他賣保單多上好幾倍。

在業務員滿街賣保險的時代，唯獨一位保險經紀人兼賣珠寶，真是異類中的異類，他的異類創新卻為他帶來了財富。有時候本業試圖創新，容易有盲點或包袱，他業就像從別的山峰看向我這座山，能夠看得更全面，也更加清晰。所以，千萬小心那些從別的行業殺進來的「新手」，他們可能會顛覆思維，創造新歷史。

秦老闆語錄

「當世界要沉淪的時候，英雄會橫空出世。」

隨著科技的進步，全球的貿易市場，無論是製造業或金融業，都發生了不可思議的改變。這種改變往往是由一些頭腦不一樣的人帶領，他們以驚世駭俗的思維，創造了人類的新文明，賈伯斯是如此，馬斯克也是如此。馬斯克第一次表明登陸火星，被人看作是笑話，如今，他的星鏈計劃（Starlink Mission）已經在進行，現在沒人認為他的腦袋有問題，特斯拉電動車也顛覆了人類的汽車工業，內燃機引擎逐漸被電動馬達取代。

從歷史上來看，文藝復興有三傑（達文西、拉斐爾、米開朗基羅），音樂有貝多芬、莫札特，科學有居禮夫人、愛因斯坦。綜觀這些人，他們的思維不同，看法跟一般人差之千里，剛開始的時候，可能受到眾人的咒罵，最後終究能站穩一席之地。

我在擔任台北市當鋪公會理事長期間，想要推動一項低利率的服務計劃。我建議台北市的當鋪業者，把質借品依風險值的高低，列出質借放款的利率，比如，風險最低的是黃金飾品，利率應該壓在千分之五以下；高風險的質借物如汽車，應該可以提高到百分之三以上。

為此，我還特別規劃出一張風險收費參考表，結果所有會員齊聲反對，責罵聲不絕於耳，他們認為既得利益不應該放棄，此案就此擱置。若干年後，我從公會卸任，在自己的公司推行這項計劃。三年之內，因為收費合理，我的營業額超出了五倍。

我的觀點非常簡單，時代不一樣了，不要把顧客當作傻瓜，要把顧客當作朋友，跟朋友交往，應該坦誠相見。在近二十年的時間裡，我推出了很多當鋪業的改革，也都非常成功，主要的原因是，透過不斷地學習，我因此能看到比較遠的方向，而大部分的人目光如豆，只生活在眼前。

3-4

工作不是努力就好，做對事更重要

當你做對事情，就會擁有身分、地位和榮耀，不再是可有可無的棋子。

我有一位年近三十、在珠寶公司上班的學生，有一天，他找我出來見面，說有重要的事想請教，沒想到我們一見面，他就情緒失控地說想辭職，我趕緊問他才明白事情的原委。

原來，他覺得主管經常對他做出無理要求，即便不遲到、不早退，也很守本分，完成主管交代的任務，卻總是遭到苛責。他問我：「秦叔叔，我很努力地工作，到底是做錯了什麼？」

我想了想以前在別人底下工作的經驗，那時候，經理交代的事情一定要辦妥，不然會被責罰，想起第一次進庫房放客戶典當的西裝，因為沒有放對位置，他對我破口大罵，還要罰跪。舉凡掃地不乾淨，或是給客人倒茶，沒有倒出剛剛好的八分滿，我都會被處罰，那樣的日子實在過得很痛苦。

有一次，當鋪的老朝奉看到我臉上掛著淚痕，問我怎麼了，我向他哭訴，每天一睜開眼睛就努力工作，還是不斷遭受責罰，我不懂到底做錯什麼？

「你一直說做錯了什麼，怎麼不想想，究竟做對了什麼？」老朝奉接著說：「知道什麼事做對了，你才會有成就感，你說沒有做錯事卻受到懲罰，或許是做事的流程和結果，與別人預期的不一樣。」當時我聽不懂他的話，依舊故我。

有一次，有位老客戶和經理在當鋪裡起口角，離去時太匆忙，當票忘了拿走，經理要我將當票還給客人。客人一見到我，便在我面前狂罵經理，我說：「經理其實很尊重您，他現在一定也後悔了。」之後又仔細解釋公司給他的優惠，客戶越聽越開心，託我向經理說抱歉。經理聽到客戶的反應，想起當時的態度也不太好，便打了通電話過去，兩人才相談甚歡。

自此之後，經理對我刮目相看，態度上也越來越好，我才明白當初老朝奉的意思。有時候，不是努力就好，要看你是否做對事，對公司有無實質貢獻。當你做對事情，就會擁有身分、地位和榮耀，不再是可有可無的棋子。

聽完我的故事，原本想辭職的學生愣住了，我要他回去想一想，有沒有辦法抱持更多熱忱，讓自己在工作上獲得回饋。不久，他很開心地跟我說，心理壓力減輕了，工作也變順了，主管不再針對他。

秦老闆語錄

「做對事需要用頭腦，更需要充足的經驗。」

不論年紀、學歷，或身分地位，只要去到一個新環境，就是菜鳥。對一個菜鳥而言，首先要熟悉環境，尤其是環境中的人際關係。

我一生當過很多次菜鳥，每次都慘不忍睹，比如第一次離家住校被學長霸凌；去當鋪當學徒，就是當鋪生態鏈的最底層，每天掃地、擦桌子、買菜、帶孩子，幾乎沒有學到任何專業，反倒被打罵才是家常便飯；當兵時，因為對業務不熟悉，難以融入同袍，所以被孤立，也常常被人陷害。現在回首這些往事，常有恍如隔世的感覺。

雖然菜鳥的際遇非常艱困，那些經驗卻是提升求生能力的墊腳石。從面對陌生人，到與他們交流往來，我付出了很多時間和淚水，最終因為做對了幾件事，贏得了周遭朋友的信任，我的身分地位也慢慢有所改變。比如，在學校裡常常替學長跑腿，買東西、傳達訊息、通風報信，這份勤快贏得了宿舍裡所有學長的喜愛。

當鋪裡，我對每一位師兄都非常禮貌，凡是他們有所差遣，我都全力以赴，在一年的時間內，所有的師兄都對我刮目相看。在外島當兵期間，因為不會講台語而被人歧視，我利用與人溝通的天分，幫同袍解決很多與長官之間的矛盾，甚至主動幫全連弟兄寫情書，成為大家心目中尊敬的「情書大王」。

這些事不見得全都是好事，但絕對是「對的事」。用真誠、勞力、天分取得別人的信任，是業務的致勝契機，也是我成功的祕訣。

3-5

夢想只是翅膀，想飛才是重點

有些人天生條件好，但卻有聽命於人的隱憂；有些人沒有天賦異稟，靠著自己的能力打天下，說不定有一天真的能一飛沖天！

我有兩個做鐘錶生意的客戶，因為鐘錶業很重視業績，採佣金制，做得很辛苦。各個知名品牌把世界各地的代理權都握在手上，也就是說，代理權不會下放，並利用高業績獎金推動旗下公司銷售，使得經銷商壓力很大。假如某牌手錶銷售成績不好，接下來的季度可能拿不到熱銷商品的配額，業績當然更難提升。因此，我的客戶就得卯起勁來辦活動，例如每個月花五十萬登全版報紙廣告，但是隨便辦一個活動，花費就要兩百萬以上。

品牌不同、煩惱各異。R先生代理R牌，知名度眾所皆知，根本不用投放廣告，雖然銷售輕鬆，背後依然有不為人知的辛苦，例如，必須把賣得好的款式提高價格；銷售較差的款式得想盡辦法賣掉，為此常常搞到焦頭爛額。因為不能大張旗鼓低價促銷，讓總代理知道會被罰款，所以R先生想到一種方法，就是成為我的客戶，把冷門手錶拿來典當，假裝賣掉，創造業績，再找機會賣給別人。

另外一位客戶是賣P牌的P先生，他是一個四線品牌錶的總代理，旗下是做工精細的瑞士名錶，可惜不夠知名，所以P先生每天像星探一樣，希望在茫茫人海中找到一位名人相挺，讓其中幾款手錶變得受歡迎，業績就能嚇嚇叫。

每次R先生來我當鋪，都是天南地北聊不停，但P先生不一樣，每次來都是行色匆匆，滿頭大汗。

我分別問兩人：「你們的事業核心問題是什麼？」R先生回答廠牌價值，他說只要抓住幾款暢銷商品，等於是躺著做；P先生則說他賣的錶，機械工藝不輸一線品牌，縱使現在是燒錢的時期，他有信心，總有一天可以創造奇蹟。

我冷眼旁觀R與P之間的天壤之別，R先生始終在大傘下遮蔭乘涼，但必須永遠聽命於總公司；P先生的銷售方式雖然天馬行空，服務方式卻能不斷創新。我覺得R與P之間最大的距離是「夢想」，有時想想真有趣，同樣都是手錶，卻有不同的命運，就像有些人天生條件好，卻有聽命於人的隱憂；有些人沒有天賦異稟，靠著自己的能力打天下，說不定有一天真的能一飛沖天！

秦老闆語錄

「夢想是一雙翅膀，有翅膀可以高飛，沒有翅膀只能在地面上仰望。」

俗話說：做一行怨一行，其實大部分的從業人員都有滿腹牢騷，有些人恨不得立刻辭職。我的看法是，當我們埋頭苦幹時，往往忘記了夢想，遇到挫折時，覺得夢想真的是「做夢才在想」，似乎永遠不會實現。其實，這就是夢想的起航線，無論要跑多久才能飛起來，想飛才是重點。

日常的工作繁雜、沉重、困難重重，每當工作結束時，我們往往已經疲憊不堪，更遑論夢想。所以，美好的夢沒有辦法常常想，當你想好了，它已經在腦海裡，無論遇到什麼挫折，都會覺得還有一線希望。

我是以什麼為根據，判斷夢想會實現呢？是歷史。因為歷史就是過去的事實，這也是我喜歡讀歷史的原因，成功也許是運氣好，比如人聰明、家世好，但是歷史告訴我們能讓夢想實現的人，都是意志超群，百折不撓的人，所以我敢斷定，你與夢想的距離可能不遠。

3-6

當危機報到，轉機也來敲門

疫情的影響是全面的，對於能夠創新的人而言，代表機會來臨。

自從二〇二〇年初以來，疫情讓平靜的社會有了顛覆性的轉變，同時也造就新的人文與經濟生態，一時之間，大部分的人都難以承受。當鋪業也是如此，流當品如潮水般湧來，但是「物以稀為貴」，東西在市面上流通得多，就會賤如菜價。

我已經不是第一次面對這種情況，從石油危機到雷曼兄弟，好幾次差一點滅頂，每每絕處逢生之際，心裡只有深深感謝上天的幫助。

我有很多客戶，沒有經歷過這種巨變，有人萬念俱灰，採取「擺爛」

姿態，撒手不管，遇到這類客戶，我會主動和他們分享我過去慘不忍睹的遭遇，希望他們能以我為鑑，打起精神，重新開始。

回想石油危機那一次，我滿手的流當品，總額已達資本的兩倍之多，已可說是資不抵債的狀況。

原先，流當品都是賣給二手商，因為他們懂貨、懂行情，我不用多費唇舌，賓主盡歡，兩方皆獲利。然而大難來時，人性醜態畢露，當我請二手商來採購時，他們不是身體欠安，就是出國旅遊，最可恨的是，有些抱持著要「一刀斃命」的狠勁來出價，全部從二折喊起，如果我不賣，就連金主的利息都付不出來；如果賣了，就非跑路不可，真是有一種跳樓是死，上吊也是死的感覺。

我在那次災難之後閉門苦思二十天，終於悟到，我的致命傷就是不會行銷，竟把滿腔熱血，寄放在小人的餐桌上，因此，打從那一刻起，我把所有的流當品都經過精心整修、設計，然後開設一間展示間，開始了銷售生涯。

當鋪這行業向來都是人求我，從來沒有我求人。以往流當品都是賣給二手商，我決定從此以後自己賣流當品，我的「下海」驚動了所有同業，從一位客戶開始累積，三年之後，我成為全台北市人盡皆知的「流當品達人」，店門前每天有絡繹不絕的客戶，銷售部門從一個員工到現在有十八位，從那一刻起，我再也不怕任何經濟風暴。

「上廟求平安，上班求創新。」我相信，我的客戶們透過這次的疫情，必能找到自我升級的版本，這個版本會成為下一個階段的事業創新，而每個人都將成為勝者。

秦老闆語錄

「天災人禍都是上帝的抉擇，弱者終必淘汰。」

新冠肺炎肆虐以來，工商業受到極大的打擊，整個世界彷彿倒退二十年。隨著疫情延長、資源短缺、產業鏈失衡、戰爭頻起，這些給人類的考驗，是五十年來最嚴重的一次。

我常說病毒也是眾生，它也要活下去，其存在不是要消滅人類，而是想延續自己的族群，所以病毒不斷自我修正，調整毒性。被感染的受眾裡，強者不為所動，弱者就只能「秋風掃落葉」，消失在競爭激烈的環境裡，這是「物競天擇」的真理。

疫情的影響是全面的，對於能夠創新的人而言，代表機會來臨。有的人勵兵秣馬，等待黎明再起；有的人創造新思維、方法和概念，向新世界挺進。例如馬斯克的電動車、星鏈計劃，日本豐田汽車的氫燃料電池電動車等等，代表顛覆傳統的新思維。

當鋪業不可避免地，也要有翻天覆地的改變，因此當鋪業以後會成為一種鑑定、保管、保證、買賣的全新金融業。凡是搭不上這一趟列車的人，就得跟時代說再見。

第四章

職場識人術
好老闆比總統偉大

好的老闆教你專業、授你經驗，助你在人生奮鬥，他們不但賞罰分明，還有你永遠學不完的看家本領，當然比總統還偉大。遇到笨員工也不一定是壞事，從不同面向思考，你將學會怎麼「看人」。

4-1 職場如學校，是員工也是學生

你可以稱大千當鋪為「大千專科學校」。這一生中，我最值得驕傲的事之一，就是我有許多認真、負責、誠懇的學生。

前陣子有位員工生日，大家幫他辦慶生會，我突然想到，這位員工好像跟著我工作很久了，便問他來了多久，他回答：「叔叔（員工都這樣稱呼我），我已經跟你二十多年了！」我聽了嚇一跳，這孩子退伍後就跟著我，什麼都肯幹，那時當鋪業還處在「戰國時代」，每天接觸的不是小偷，就是騙子、黑道等人物，上午八點開張，就需要一直忙到晚上十二點才能下班，過年也無法休假。一晃眼，他已經四十多歲了。

「叔叔很照顧我們，我們每天都在您的眼皮子底下工作、學習。正向的學習就是一種照顧。」壽星的回答令我反思，這二十多年來，我有沒有好好對待他們？我年輕時脾氣很差，常罵人，不僅在工作上要求很嚴格，也會不時抽考要求員工閱讀的書。那時小孩年紀還小，我花在這群員工身上的時間反而比較多。

有一次找不到質當物，我堅持當晚要找到才准下班。結果，隔天早上找到了，原來是存放流當品的流程有誤，導致東西放錯位置，我們隨後徹底檢討流程，找出解決方案。這般亡羊補牢，是我想讓大家學會的事情，這群孩子都是我的員工和希望，因為我相信，若干年後他們會繼承我的衣缽。現在，他們還是我的員工，因為他們還有努力學習的空間。

以當鋪業來說，一定要做到業界前十名的武林高手，才能一生妥當、衣食無缺，沒有做到前十名，恐怕面臨的是工作不穩定、前途無「亮」。該如何做到前十名呢？首先，要找到身經百戰的老師，這樣的人才會言之有物；其次，要加倍努力，才能應付來自四面八方的陌生人；最後，一定要有終身學習的意願。時代變化太快，不管是假珠寶，還是最新的騙術、仿製的假文物，都必須有頂尖的功力，才能悠然自得於當鋪產業。

有次我家老三拿了一張註冊單給我，我問他知不知道註冊費是誰的？他回答是爸爸，我說不對，這是你的錢，他聽了一頭霧水，我跟他說：「從你出生的那一天起，所有花費都是我付的，那是屬於你的錢，你越長越大，我付的錢越來越少，直到大學畢業那一天，你就不再是我的『員工』了，得自食其力另找老闆，並且尋找你的夥伴，召集你的員工，這就叫做傳承。」

孩子，你是我的員工，你的行為我都有責任，但是當你羽翼漸豐、飛離老巢，就得自己負起責任。這是既喜又憂的事，喜的是孩子長大了，憂的是我不知道自己的教學是否夠紮實，孩子們往後的日子能否平安踏實，這是身為師者的心情吧！

「在我的當鋪裡，最重要的工作就是學習。」

你可以稱大千當鋪為「大千專科學校」。這一生中，我最值得驕傲的事之一，就是我有許多認真、負責、誠懇的學生，有些人讀高中時，在我的店裡半工半讀；有些人是退伍的第一天就來上班，一半以上的學生跟著我工作約有二十年左右，他們非常優秀。

我教授學生大致有三個重點。第一是品德操守，我身體力行，利用在當鋪裡發生的事，藉機強調人品端正的重要，也常用說故事的方式，強調規規矩以及做人的重要性。如果學生的手腳不乾淨，我會當機立斷將他辭退，在離開之前，我會非常誠懇地希望他勇於改正。

我也常和學生說一個故事：有一天，我的老闆將一張百元鈔票丟在沙發下面，第二天一位師兄發現了，很開心地把鈔票藏在被單裡。三天後，老闆召集我們訓話，他說：「真奇怪，我三天前放了一張百元鈔票在沙發下，竟然沒有拾金不昧的人！是誰撿到了，請站出來。」師兄弟們面面相覷，疑惑不解。

老闆隨即要求大家把鋪蓋搬出來，經他一番搜索，查到了那張被單裡的百元鈔票，師兄在老闆面前辯解，說鈔票是他存下來的，老闆從口袋裡拿出一張紙來，上面赫然寫著這張鈔票的號碼。這位倒楣的師兄，當場被責打一頓，趕出師門。

我告訴學生們，當鋪業在一般民眾的心目中，是個不名譽的行業，如果我們的品格操守很低落，便應證了別人異樣的眼光，這對我們自己與這個行業，都是一種極大的侮辱。

教授學生的第二個重點是專業知識。我把圖書館裡所有的珠寶書籍，和市面上過期的珠寶雜誌，通通蒐羅到書架上，天天不厭其煩地跟學生們一起研究，每當我們有新發現，興奮之情真是無以言表。如果是手錶鑑定，我帶頭把流當的手錶拆成一顆顆的零件，從零件的製作、打磨、設計去判斷原廠的工藝與技術，再將它們組合起來。

有一次，手錶組裝完竟然多了兩顆螺絲，不得已只好拿到錶店，花錢請他們再裝好。創業前二十年，當鋪經常遇到贗品、假貨的狀況，慢慢地，我們團隊的鑑定堪稱是照妖鏡，對假貨是以零容忍的態度來面對。

第三個重點是社會經驗與待人接物。我十六歲進入當鋪行業，便覺得當鋪業完全沒有服務品質可言，不但言詞拙劣，態度也極差，彷佛是小說裡的惡霸員外。我的學生很早就跟隨我，沒有太多社會經驗，我深怕他們在不知不覺之間，養成店大欺客的心態，所以常常以身作則，在第一線示範待客之道。至於常出入當鋪的社會負面人物，我也自有一套很流利的待客方式。我要求所有學生，一定要把待客的課程學到爐火純青，做到有口皆碑。

此刻，我已屆退休年齡，偶然在會議中看到這些學生們認真、努力不懈的態度，心裡十分感動。我甘願做一個火車頭，哪怕有一天火車頭在博物館裡，依然蓄勢待發。

4-2

老闆別怕發薪水，要怕沒人才領錢

企業的壽命能否永續，在於企業家的胸襟與眼界，胸襟是人品，眼界是知識，兩者缺一不可。

我在台大上了一堂管理課，案例是[1]林肯電氣公司，這是一家非常成功的美國企業。林肯電氣把自家很多專利技術和管理辦法，無私地與大家分享，而不是視為最高機密。令我訝異的是，把生產製造的祕密公諸於世，等於是讓別人效法，成為他人突破創新的機會。

課後我專程查了一些資料，這才豁然開朗，因為林肯電氣願意分享所長，很多大企業願意主動合作，技術才能夠一起獲得提升，產品的品質更有保障，在這種狀況下，林肯電氣沒有敵人，這是它百年來屹立不搖的原因。

[1] **林肯電氣公司（Lincoln Electric）：**
林肯電氣於 1895 年創立，是一家美國設計、開發和製造公司，主要生產電弧焊。

單一產業能將視野放遠，其實不容易，有些ＩＴ產業很努力，埋頭苦幹，獨家技術不與人分享，當潮流變化來臨，很容易措手不及而崩垮。

從林肯電氣的例子中，我們看到一個百年企業不故步自封、拒絕「近親繁殖」[2]才壯盛至今，關鍵是「共享」。再看另外一個例子，五十年前的底特律是全球汽車重鎮，如今卻成了鬼城，究竟是什麼原因，讓底特律汽車工業抵不過日本汽車的小規模市場？

因為，底特律汽車工業對外來文化向來嗤之以鼻，認為日本汽車只是「二流車」，不願意和日本車廠合作，當它還沉浸在冠軍寶座的美夢裡，日本汽車卻不斷學習精進、求新求變，吸收從第三世界國家得到豐富的經驗，研發短小精悍、更省油的汽車。終於，一舉打敗底特律，成為新一代的汽車王國。

---

[2] **「近親繁殖」：**
事業「近親繁殖」指沒有相輔相成的併購交易。

再來看中國的汽車產業，中國的汽車廠和全世界頂尖的車廠願意彼此合作，也就是說，中國提供了市場，國際車廠提供了技術。因此，中國的汽車產業屢屢突破佳績。

無私分享可以創造奇蹟，我覺得出版業也應該好好效法這一點，把員工當成資產，將人的能量放到最大，做多少事就該給多少薪資，而不是一味地壓榨。把員工限制在辦公室裡，也不是好辦法，因為腦力激盪需要放空，企業應該給予員工舒適的工作空間。

另外，林肯電氣是按件計酬，出版業當然也可以這麼做，不是看到什麼類型的書大賣，就跟風出同類的書，而是讓員工當有創意的「潮流領航者」，企業針對這些領航者可以給予最實質的現金獎勵。

老闆別怕發薪水，反而應該讓員工感受到成就感；老闆要怕的，是沒有人才可以領錢才對。

秦老闆語錄

「胸襟與眼界，代表一個企業的壽命。」

商業界有很多武林奇葩，像是蘋果創辦人賈伯斯、微軟創辦人比爾・蓋茲，他們都是用跌破專家眼鏡的方法，打造偉大的王國。在台大EMBA就讀的時候，我曾研究、模擬當時幾個新興企業的轉捩點，其中就有一案：如果宏達電HTC在二〇〇五年買下了乏人問津的安卓系統，結果會令人驚訝，擁有安卓必然會改變這家公司的命運。

企業的壽命能否永續，在於企業家的胸襟與眼界，胸襟是人品，眼界是知識，兩者缺一不可。

猶記二十多年前，一位同業提出了一個為難的懇求，他說：「秦理事長，雖然我們同業嘴上罵你惡性競爭，其實心裡非常崇拜你。請問，可以將我的孩子送到你那裡學習嗎？」我考慮了一天，打電話請他的孩子來報到，從此以後，陸續有很多同業的孩子到我的當鋪學習。

這對別人而言，恐怕是兵家大忌，正如古人云：「臥榻之側，豈容他人鼾睡乎？」但是，我認為與其踽踽獨行，何不桃李天下？教一個學生不可能用防賊的心態，所以，我開始設定課程，非常努力教這些同業的孩子們。這些年輕人學成後，回到家裡崗位，也都經營地有聲有色，對我來說，這是莫大的榮耀，如孔子的風範，集天下英才而教之。

將這些同業後輩無私教會以後，有時自覺兜裡的功夫所剩不多，他們卻能舉一反三、青出於藍，讓我大為感慨。這讓我想起古人那一句話：「江山代有人才出」。我不怕人家知道 Know-How（知識），因為我的知識隨時在更新；不怕人家知道我的祕密，因為我的祕密都在陽光下。

很多學生學成後來找我，因為時代變化太快，他們有些目不暇給。我分析給他們聽：你只要人品好，專業強，永遠都是勝者，不用擔心未來，你要擔心的是學得夠不夠。收學生的時候，我不害怕多一位競爭者，反而欣喜一顆種子會變成大樹。

4-3 良心是商業行規，不是附加條件

做生意本就該有良心，可是在競爭激烈的紅海裡，有良心恐怕堅持不久，這是一個殘酷的現實。

我常請客吃飯，動輒花上好幾萬，雖然桌上是山珍海味，但我全程在應酬，很少吃東西，有時候回家還會弄一碗泡麵充饑。公司前面有一家麵攤，經營多年，店內沒什麼裝潢，生意不錯。因為我平時外食有兩個原則：快和簡單，所以我經常去這家麵攤吃飯。

有一次，我看到一位小姐對麵攤老闆說：「你們家的麵比別人貴二〇%！」老闆娘說：「我們家的食物是真材實料，比人家貴很合理。」小姐反駁：「你這樣講，好像別家都不是真材實料……。」老闆娘最後說了一

句：「我賣的是良心價！」

聽完老闆娘的回答，我實在太好奇，決定找她一問究竟。「請問良心價是什麼意思？」老闆娘解釋，「我洗菜比別人多洗半小時，桌上的醬油都是用古法精釀的，價錢比一般貴五〇%；當天賣不完的小菜，全部丟到廚餘桶；請了兩個阿姨，一個月薪水三萬。我和先生的開銷加上店租，每個月要支出二十五萬以上。你說，我不多賺二〇%，怎麼划得來？」

我聽了覺得很有道理，不起眼的麵攤也是一個經濟體，也有經營的大學問。回家後，我開始思考自己的公司，有沒有值得加二〇%的地方？店裡的商品貨真價實，不賣假東西，給員工的薪資也都符合市場行情，為何不能再加價？我決定去問問客戶，跟他們說，因為我的公司很有良心，要加價二〇%，看看他們怎麼說。

「你的良心在哪裡？你的東西比台北市任何一家珠寶行還貴。」A小姐說，既然如此，我問她為何不跟比較便宜的店家買？她說：「因為他們比你更沒良心。」我又問了B小姐，她說：「我同意，你做生意有點良心，但是不要加價在我身上，因為沒有顧客願意接受加價。更何況，良心是店家本該具備的，沒良心的店家做不久。」

我覺得B小姐說得很有道理，良心是開業者必備的。良心就是良善之心，懂得替客人著想，努力為客人做更多。餐廳願意把菜洗得更乾淨，修車廠更注意車安，食品製造商不會添加有害人體健康的致癌物，良心不是多餘的，也不是附加的，是傳統商業的行規，這個小故事，值得企業老闆好好思考。

秦老闆語錄

「從商業史來看，越有錢的公司，越可能沒良心。」

表面上以客為尊，骨子裡卻把客戶當傻瓜。幾年前，我就面臨過這種小蝦米對大鯨魚的事，一家標榜高大尚的百貨公司無視合約內容，對有利於己的部分堅持到底，卻對客戶的權益完全不顧，利益吃乾抹淨，義務能省就忽略。

我常去的一個小小麵攤，老闆堅持良心經營，無論是食材、用料、流理程序都要求優質不肯馬虎。有一年，麵攤的價格一次提高了一〇%，客人哇哇叫，老闆理直氣壯地跟顧客說明：「我比別人貴是合理的，因為我要求高，所以成本也比別人高。」我聽了非常佩服，付費從沒煩言。

前幾年，有一個上市的大食品公司賣假油，該公司老闆是一位號稱擁有數百億資產的大富豪，沒想到這麼大的食品公司竟賣起假油，連法官也非常疑惑。這名老闆的說法是：「因為大家都這麼做。」意思是不能只責怪他一個人。然而食品事業涉及民眾及兒童的健康，是十足的良心事業，這種錢多到三輩都花不完的人，時時刻刻還在賺昧心財，真是一個[3]毀三觀的殘酷例子。

我將想要加價的念頭向兩位客戶提出，A小姐的答案非常直白，她代表大部分消費者的心態，喜歡貪便宜，只要花得少、贈品多，就可以無視品質優劣。有知識的人都知道，七百毫升的純天然橄欖油，成本不可能少於一百元，食品公司賣的橄欖油怎可能僅只六十元？內行的人會知道這個價格有鬼，可是消費者卻趨之若鶩，難道他們不明白羊毛出在羊身上嗎？所以，廠商與顧客都沒良心。

B小姐的答案就有趣了，她認為良心不是加價的理由，更不是附加條件。做生意本就該有良心，可是在競爭激烈的紅海裡，有良心恐怕堅持不久，這是一個殘酷的現實。唯一的解決方案是「實話實說」，商品優缺點全部羅列告知，至於最後的選擇，就由每一個顧客自行決定了。

[3] **毀三觀：**
謂破壞「道德觀、價值觀、人生觀」。

4-4

好老闆比總統還偉大

員工喜歡罵老闆，就像我們常罵總統一樣。但是，總統只能讓大部分人有小確幸，沒辦法實質發薪水給大家，真正對員工負責的人是老闆。

過年前，總有很多老闆來當鋪求援，小公司或大企業都有，所以過年時期，當鋪人山人海，忙得不可開交。剛好一位老客戶到店，神色匆匆，我就問他是不是來贖東西？「哪有這麼好！我是來當東西的。」一臉憔悴的他說道。

原來，他是為了員工們的年終獎金而來，其實他有很多貨款可收，卻要等年後才收得到，只好把他蒐集的一批名錶拿來當鋪典當，我突然想起，去年他也是這樣籌措年終獎金。

他聽我這麼一提，說：「秦老闆，你是飽漢不知餓漢飢啊！我已經連續五年的過年，都來找你報到了。」他說做電子零件加工業，都是收支票，但是廠商都把日期壓在年後，偏偏年終獎金必須是現金，而且不能拖欠，這是員工最重視的一件事，發太少員工不開心，更不能遲發！否則，年後可能就沒人來上班了，講著、講著他就熱淚盈眶……。

我跟他說，生意既然不好，要不要想想其他辦法？他說，每年都有創新和計劃，照理講業績應該越來越好，但計劃往往趕不上變化，整體景氣差強人意，每到年終總是捉襟見肘。他也想過降低人力成本，但有些員工跟了他十幾二十年，怎麼裁？只好每年重蹈覆轍，想辦法籌錢。

我看他這樣實在很不忍心，這個老闆跟我年紀差不多，也是年輕時日以繼夜地打拚才小有成就，他去中國發展後損失不少，回台灣又重起爐灶，在業界算是老資格，卻是經營風雨飄搖的事業。

我觀察來籌措現金的老闆們，真的覺得老闆不是人幹的，為了公司營運、員工薪水，常常汗如雨下、筋疲力盡，但員工們卻認為老闆都是自私自利、趾高氣揚、吃香喝辣，把老闆罵到一文不值。其實，老闆為了訂單全球跑透透，甚至一年裡有一半時間都在國外搶單，為了員工的生計，無論賺賠，都要如期發薪水，真是「當家三年，連狗也嫌！」

員工喜歡罵老闆，就像我們常罵總統一樣，但是，總統只能讓大部分人有小確幸，沒辦法實質發薪水給大家，真正對員工負責的人是老闆。很多老闆即便傾家蕩產，也會完成對員工的義務和責任。相形之下，我覺得那些過年來當鋪典當，換現金給員工的老闆們，都比總統還要偉大。

秦老闆語錄

「好的老闆是大山，你可以依靠一輩子；壞的老闆是深淵，一不小心就沒頂了。」

我的第一位老闆，是一位在梨山種水果的農夫，我替他打工三個多月，除了一天吃兩頓飯，一毛錢工資都沒有拿到，最後，老闆跑路，我扛了兩麻袋的爛蘋果，下山到東勢鎮擺在路口賣，打算換點路費。沒想到一部大卡車迎面而來，等我回過神的時候，蘋果已經變成果汁了。

我的第二位老闆是當鋪老闆，他是我的偶像，精明、能幹、滿腹韜略，可謂人中之虎，我從他身上學到的東西，終身受用。第三位老闆是建設公司的董事長，他的生意頭腦能用天才兩字來形容，不但房子蓋好後，可以賣給客戶賺很多錢，還把巷道、馬路賣給政府再賺一筆。照理來說，社區的巷道、馬路應該是建商要負責，但是我的老闆可以由政府施工，再賣給政府，活像金庸筆下的韋小寶。

我的第四位老闆，是軍中的二級廠廠長，任何汽車、機械他都會修理，還把領導統馭之術發揮到極致，當你立功的時候，他會給出超越想像的獎勵；當你惹禍的時候，他會給你終身難忘的處罰。我在他身上，學到了人定勝天，只要有權、有勢，沒有不可能的事。

以上這幾位老闆，深深烙印在我的腦海裡。一個不負責任的老闆，壓榨你的勞力，騙取你的忠心，最後任憑你滅亡；一位好的老闆，教你專業，授你經驗，助你在人生奮鬥，他們不但賞罰分明，你還可以很放心地跟著他們務實學習，因為老闆永遠有學不完的看家本領，當然比總統還偉大。

老闆是衝往陣地的標竿，他的成敗與你息息相關。遇到好的老闆，永遠不需要換領導人。

4-5

有錢沒良心，霸業終成浮雲

不能果斷無情，就沒辦法在商場立足；不能厚德、惜福，就不能守成霸業。

古人說「義不經商」、「慈不帶兵」，縱觀古今中外，成功的商人都非常霸氣，往往也很專制，而才氣縱橫、詩情畫意的人，不曾聽說有任何商業上的表現，所以，曹雪芹會餓死，股神巴菲特主宰了華爾街股市。

民國五十六年，我的父親在基隆開設一家建築材料行，取得了土木營造執照，開始他的營建生涯，不到三年，他從一位小建商成為知名人物，但我父親是個重情講義的人，最終為朋友所騙，落得兵敗山倒、家徒四壁。

三十幾年前，我有一位客戶從一間小車間開始幹起，第一次找我周轉時開著一部破發財車，車牌還被交警查扣，一開口要求當十萬，我聽了差點笑出來，這位仁兄非常嚴肅地告訴我，這是他事業的轉捩點。從那時候起，一年內，他來過當鋪七到八次，我從他的口中得知，他不斷跌倒又爬起來。二十年後，他成為一位上市公司董事長，手段強硬、霸氣十足，在商界享負盛名。

二〇二一年，一位非常有名的商界名人過世了，他口銜金湯匙出生，一生在脂粉堆裡打滾，最終的命運讓人唏噓。其實戲如人生，社會名流多的是這樣的人，他們最後活成了一個笑話，這到底是怎麼回事？

在當鋪裡，我看過猛龍過江，也看過浮萍飄蕩，深切體悟出——你的目標就是你的一切。有非常多富二代繼承父輩江山，擁有無數財富，卻不能青出於藍，依我的觀察，主要的原因就是德不配位、無可載福。

「君子不可創業；小人難付守成」，意思是說，不能果斷無情，就沒辦法在商場立足；不能厚德、惜福，就不能守成霸業。看美國開國英雄班傑明・富蘭克林四十歲時功業有成，退休時也不過才四十三歲，他從四十三歲到八十歲都在為理想付出，帶動美國自由主義企業家的傳統精神，貢獻社會，反觀台灣企業家，真正讓人佩服的沒有幾位，經營有成的二代更是寥寥無幾。其中奧妙，不可言喻。

在沙漠裡，仙人掌的成長過程是一篇詩章，同樣地，在殘酷的商場裡，特立獨行的勇士也會受到世人永遠的歌頌。這不是因為他們擁有傳奇故事，而是他們成功後慷慨地付出，百年功業一塵土，多少滄桑在其中。

秦老闆語錄

「創業維艱，非君子可成；守成不易，唯小人難養。」

我記得十五歲的某一天，天還沒亮，就有人敲門敲得山響。等我把門打開，進來一群父親的廠商，每個人手上都拿了一張退票，因為前一天他們的支票被拒絕付款了，所以一大早就來我家裡要錢。打從那一天起，我們家的客廳可謂日日「高朋滿座」，等我年齡稍長，了解前因後果，才深深覺得經商需要一些超人的能力。

首先是要有百折不撓的精神，這不是一般人能做到的。像是常開著小發財車來典當的李老闆，他說自己經歷過三次倒閉，其中兩次是太太回娘家賣房子、參與標會挺過來的，三番兩次遇到挫折，他的心態卻讓人吃驚，雖然積欠資金，他從來不著急，好像「山人自有妙計」；發生倒閉風險、面對所有債權人時，他依然面不改色、滔滔不絕，大家拿他一點辦法都沒有，還得繼續跟著他做下去。所以，我常常稱他為商業界的劉邦。

我也看過很有名的第一代企業家，都靠省吃儉用成功的，出國都坐打折經濟艙，跟他一起出差的高級幹部，不免怨聲載道。但是，他的兒子卻是非商務艙不坐的人。企業的創始人往往霸氣十足，嚴以律己，但是隨著時間，也會開始發生企業文化的問題。

企業創辦人如果心術不正、沒有誠信，當他到達頂峰的時候，很快會人去樓空。為什麼呢？因為跟著他的人必然是物以類聚，學到一些奸詐、狡猾、坑騙的本事，這種企業好景不常。另外，也有一種企業老闆很正派、很努力，但是對接班人的教育不足，結果二代接班以後，整個企業以光速塌陷。

台灣能夠成為寶島，是因為絕大多數的企業家都是厚德惜福的人。台灣的人，才是台灣的寶。

4-6

員工笨，才不會自作聰明

有人假聰明，有人假笨蛋，顧客就變成了真受害者。

有次出門幫一位企業老闆鑑定骨董文物，當天相談甚歡，氣氛融洽。老闆信心十足，對骨董文物很有見地，我幾乎沒有什麼插話的餘地。碰到這類狀況，我通常不會談得太深入，怕氣氛變差，乾脆輕描淡寫。鑑定到一半，一位員工著急地敲門進入會議室，向老闆報告一件事情，員工話才說完，老闆就勃然大怒，把對方臭罵了一頓，在場其他人全都愣住，沒人知道該如何是好。

直到老闆發洩完，員工離開，因為氣氛實在太糟，我提議大家先休息一下，便去了一趟洗手間。

洗手間裡，我的左右各有一位仁兄，右邊就是剛才那位被臭罵的員工，左邊那位不認識。右邊那位仁兄氣憤難耐，不斷咒罵老闆；左邊那位則是說老闆性格狂妄、自以為是，邊講邊數落右邊仁兄道行「太淺」，應該和其他員工一樣私下解決，不必讓老闆知情。

回到會議室，老闆已經恢復得意氣風發，我對他的文物一一給出意見，也算賓主盡歡。在離開前，我忍不住請他再給我三分鐘的時間，我說：「剛剛你的員工跟你報告，不論他報告的內容是對是錯，你都應該給他獎勵。因為員工笨，公司才會聰明。」

員工心中有疑惑，想尋求答案是一種忠誠的表現。以豐田汽車為例，他們的生產線上有很多橫向、顏色鮮明的拉索繩子，其實那是「緊急拉索」，只要生產線上的員工覺得有疑問，或發現異狀，可以立刻拉紅色的拉索。這時，整條生產線都會停止，警報器大響，廠管人員立刻到現場了解原因、仔細檢查，不管該名員工拉對還是拉錯，都不會因此被指責。如果拉對了，還會被獎勵。

我和老闆說，剛才那位員工敲門進來報告，表示問題很緊急，如果他選擇不說，默默私下和同事們把事情處理掉了，老闆始終被蒙在鼓裡，這樣公司就會變笨了。

這和骨董文物鑑定的原理一樣，先把自己放在笨的位置，才會想盡辦法去學習更高深的鑑定方式，假如覺得自己無所不知，這種人的收藏品肯定假貨充斥。我怕這位企業老闆聽完後，會想拿掃把趕我走，趕緊匆忙離開，兩小時後，我便接到他的道謝電話。希望這位老闆能用聰明的腦袋，把公司治理得更好！

秦老闆語錄

「一顆螺絲釘，起不了什麼大作用。幾百萬顆螺絲釘，就會造就一艘無敵巨輪。」

螺絲釘要不要聰明，當然不用。因為螺絲釘不會自己選擇正當的位置，也不知道它自己要扭幾磅才正確。如果能按照設計圖，把它安裝到正確的位置，上了適當的磅數，這個螺絲釘就會有非常厲害的成效。

很多公司員工喜歡自作聰明：養成愛走捷徑、極思私利的觀念，螺絲釘一旦擺錯位置，危險便會發生。另外有喜歡「[4]磨洋工」、占小便宜、監守自盜、假公濟私的員工；更有一些人養成了互相取巧的手段，變成一群明目張膽坑害客戶的團隊，這樣的螺絲釘不但放錯了，上的磅數也不對。

螺絲釘放錯了容易發現，磅數上錯了，飛機就會空中解體、禍福難測。所以，企業領導人要有擔當，所有的決策無論成敗，一肩扛起，對下屬只要求做對的事，不要求他們為了業績自作聰明、自以為是。

近年銀行界發生理專違法詐欺的事件，這些理專都是著名大學財

[4] **磨洋工：**
敷衍了事，用無意義的動作消耗時間。

經系的高材生，行為令人髮指，他們虛情假意騙取客戶的信任，再隨意動用客戶的資金，買賣高風險金融商品。賺了錢中飽私囊，虧了就賴到公司，導致幾家銀行災情慘重。

分析這些事件可以知道，銀行高層應該是聰明的，但是主事者把聰明運用在無底的欲望上，要求下屬每月成長率要達標，惡意放任員工自我進化，久而久之員工變聰明了，什麼離譜的壞事都在時時醞釀。事發後，公司看起來很笨，其實這種笨也是裝笨，因為老闆每天打高爾夫球、看報表，下屬為了迎合老闆，不擇手段把業績做起來。這樣下來，有人假聰明，有人假笨蛋，顧客就變成了真受害者。

4-7

聰明改革，創造勞資雙贏

如果資方惜金不惜情，勞方打死不肯退，最後必然兩敗俱傷，不可不慎。

最近有位朋友來向我借錢，由於這位朋友律己甚嚴，缺錢讓我很意外，詢問之下，對方說著說著老淚縱橫。原來，他的孩子在一家企業上班十多年，是位小主管，這間企業從大老闆交給小老闆接棒，小老闆國外名校出身，新官上任三把火，又碰上一例一休實施，要求裁員三成。

小老闆要求每位中級幹部負責列出十二位裁員人選，各部門主管都傻眼，但是君命不得不從，只好「[5]揮淚斬馬謖」。有的主管很快就交出裁員名單，砍的多半是平常就看不順眼的人，但是朋友的兒子宅心仁厚，就是提

[5] **揮淚斬馬謖：**
三國演義故事。孔明愛將馬謖不遵守軍令，致使陣地街亭失守。孔明爲嚴軍紀，不得已斬之。

不出裁員名單，只好請病假躲避小老闆，沒想到一躲就是二十天，連太太也不開心了。

小老闆很精明，砍了十二個老資歷的員工，可以請二十四個社會新鮮人，他對朋友的兒子提出最後通牒，如果下午提不出名單，就交上自己的名字。結果，朋友的兒子氣不過，與小老闆起了衝突，兩人不僅大聲對罵，最後甚至動起手腳。朋友的兒子拿起鍵盤砸向小老闆的頭，對方立刻去驗傷。這下子，不僅工作沒了，還得被告，並且賠償小老闆。

朋友深知，「打老闆」會讓兒子未來工作難求，便想湊錢私下找大老闆請罪。我聽了很感慨，因為十萬火急的改革很難周全，資本家能否顧及勞工權益？勞工是否明白資本家的苦衷？老闆都希望花少賺多，最好原班人馬能立刻做出三倍的績效；員工都希望「錢多、事少、離家近」，即便有不少法條可以捍衛兩方各自的權利，依舊激戰近百年，並且充滿矛盾。

回頭看看當鋪，栽培人才往往是十年磨一劍，投入無數成本、時間，所以通常不會裁員。然而花無百日好，世事難預料，當行業即將面臨被世界淘汰時，就必須改革才能繼續生存，可是改革又很容易犯情感大忌，甚至延伸成社會暴力事件，難怪近年來，勞資雙方打官司是很常見的事。

如何讓勞工了解老闆成事不易？如何讓老闆知道勞工養家困難，才是真正的根本解決之道。改革明明是一件好事，希望企業能永續經營，但是應該慢慢做，並且讓勞工了解原委。

我有一位朋友面臨企業裁員，不僅把真實原因告訴員工，還給予求職假，甚至支付半年薪水讓員工找工作。這樣的老闆才真正有把勞工的需求放在心上，勞工被裁員，也比較能諒解資方。

秦老闆語錄

「改革要有智慧，否則不是公司掛了，就是員工掛了。」

很多二代接班人從各大名校的EMBA畢業，聽了太多似是而非的例子，把這些例子當作「葵花寶典」，有一天他們獨挑大樑的時候，令劍在手絕不留情，為替自己省錢，自然可以「揮淚斬馬謖」。

很多知名企業，由於創辦人的學養、個性所致，跟隨的老幹部自成一種風格，新的領導班子幾乎與之格格不入，甚至欲除之而後快。所以，公司的改革成了一齣大戲，尤其是一些傳統產業，只要談到改革，不免都是血跡斑斑的經歷。

對外國的企業而言，改革是再正常不過的事。世界著名的英特爾公司是電子業龍頭，這兩年的財務報表極其難看，所以砍人和砍西瓜一般，毫不手軟。美國公司的規模都很大，廠與廠的距離都很遠，所以感情成分很低，但是台灣的企業深受中華文化影響，和儒家道統的約束，只要老領導不走，大家一片祥和，當改革來的時候，卻沒有人可以適應。所以，很多公司只要換了二代經營，老幹部就非走不可，這似乎成了一種宿命。

我的觀察是，人與人之間皆是緣分，永遠廝守在一起不見得是一種福氣，當然，到遲暮之年被裁還要重新開始，確實很為難。所以勞資雙方都應該抱著務實的態度，資方要提出優厚的退休禮遇，勞方要好好交接工作，這才是解決改革後遺症的最好辦法。如果資方惜金不惜情，勞方打死不肯退，最後必然兩敗俱傷，不可不慎。

4-8

員工手腳不乾淨，老闆最該反省

老闆為了爭取業績不斷施壓底下員工，員工為了創造業績，只能用各種管道達成目標，這會發生非常多匪夷所思的「眉角」。

公司進口了一台精密的金屬分析儀，第一次使用就發揮功能，一位客戶的寶石戒指經過檢測，與上頭標示的十八K不符，含金量僅有十K。客戶當場打電話質問賣家商品不實，得到的答案竟然是：「大家都這樣幹！」

這讓我想起，幾年前台灣的一起食安風波，當時身為禍首的食品公司老闆，大言不慚地說：「大家都這樣幹！」意思是說，他也是無辜的人。其實，這種問題在商界非常普遍。

某一天，有一位大型金融機構的經理來拜訪我，他說是銀行理專有操守問題，所以老闆要求一一拜訪所有客戶，詳查帳目是否被挪移或盜用，最後，這位經理非常懇切地要求我們，千萬不要將圖章跟存摺交給理專，避免類似的事情再度發生。

我聽了以後非常訝異，跟這位經理說，這件事情不應該這樣處理，客戶是無辜的，他們信任貴公司才會對理專言聽計從。事實上，應該先由老闆懇切地自我檢視。試想，要不是因為老闆為求業績迅速成長，平常睜一隻眼、閉一隻眼，假裝天下太平，員工怎麼敢做這種荒唐事？

老闆為了爭取業績不斷施壓底下員工，員工為了創造業績，只能用各種管道達成目標，這會發生非常多匪夷所思的「眉角」。如果老闆一開始就嚴格禁止員工採用任何違法或違反SOP的手段，並嚴格查察，抓到直接送法辦。我想，公司上下沒有一個人敢踰矩，這就有了「風行草偃」的效果。

所以，當公司面臨重大商譽危機時，最有效的辦法不是「補救」而是「立斷」。當總司令下「[6]罪己詔」，使全軍悚然，去唯利是圖之風，樹誠

[6] **罪己詔：**
古時候天子（皇帝）犯錯，頒布詔書悔過。

懇嚴謹之律，然後偉業可成。孔子曰：「舉直錯諸枉、能使枉者直」，此大哉斯言矣。

在當鋪這個行業裡，這類事件層出不窮，經營者每天面臨利益的引誘，稍有貪念就想出手一試，等到食髓知味後，公司風氣早已改變。不久，上下沆瀣一氣，就會成了「賊窩」。

一旦「大家都這麼幹」可以成為藉口時，千辛萬苦累積的無價商譽，會在一朝成灰，豈可不慎！

「天下烏鴉一般黑，要養是烏鴉還是喜鵲，是老闆的選擇。」

有一次，我去逛一個號稱全台最大的夜市，走完一趟才發現，這個夜市竟然一點特色都沒有。哪個攤子生意好，大家就群起效尤，販賣同性質的商品，比如冰淇淋潤餅賣得好，連續十攤都會是冰淇淋潤餅。

夜市是商業界的縮影，只要好賺，便一窩蜂形成「蛋塔效應」，一人企業或一萬人企業，其實都是一樣的，只要老闆唯利是圖、上下交征利，這個企業基本上已走到盡頭了。

二〇二二年台灣的金融業有些流年不利，人謀不臧是最大的問題。銀行的理專是不是銀行的正職員工？看起來是，實質上不是，因為銀行的理專有一點像「[7]靠行制度」的出租車司機，他們自備人脈，在銀行體系裡販賣金融商品。為了達到業績要求，無所不用其極，他們利用客戶對銀行的信任，肆無忌憚地偷竊客戶的財產，以滿足個人私欲，甚至製造假交易使業績報表看起來亮麗。銀行老闆在看到報表以後，非常開心，至於內情如何，老闆與員工心知肚明。

[7] **靠行制度：**
指個體戶為爭取市場，投靠大型商號營業的行為。

上行下效、風行草偃，自古有明訓。如果一間公司因為不名譽事件，受到損失，應該是老闆的責任。但是事實上，透過媒體的操作，老闆反而變成正義使者，這是一個很嘲諷的現象。

4-9

關門大吉，員工比老闆還痛苦

老闆心中只有雄霸武林的欲望，沒有慢工出細活的耐性，這股欲望如果沒有控制好，就像在叢林裡點了一把火，不可挽回。

有一次，我參加一場餐會，席間有位酒促小姐前來打招呼，她說：「我算是你的同業」。我一頭霧水，一問之下才知道，原來她曾在某間知名的當鋪工作過，沒想到公司倒了，還欠她二十多萬獎金沒發，不得已只好來做酒促工作。

聽到那間知名當鋪倒閉，我感到非常意外，印象中，那間當鋪準備申請上櫃，我也佩服那位老闆，因為他做了很多富有創意的行銷手法。那位小姐聽我這麼一說，不禁長嘆一聲，在她娓娓道來後，我才知道事情始末。

她進公司四年，算是元老級人物，公司主要銷售二手精品，員工都被訓練得很有鬥志，加上獎金高，工作氣氛佳，不久就打開了市場，創業兩年便名聞全台。再過兩年，不知道老闆聽了哪位狗頭軍師的建議，認為股票上市、上櫃可以增加更多資金，擴充版圖，提前完成他的企業王國夢。

從那時起，她的老闆每天沉迷於如何迅速上櫃的想法，不管誰要入股，都一口答應。漸漸地，資金的確變多了，卻因發展太快使得貨源嚴重不足，只好到處收購流當品。同時，為了業績不擇手段，在價格上灌水，不知不覺，也不再為商品品質把關。

為了集資、募股、上櫃，公司業務越做越偏，銷售糾紛也接踵而至，因為老闆依然堅持先上櫃，再拼品質，員工們也變本加厲，胡亂介紹產品。畢竟上市或上櫃都不是一件簡單的事，跟老闆買股權的人發現，還要很久才能兌現股利，各個都惴惴不安，如果沒有上櫃，這場美夢就不可能實現，所以外界不安、內部不良。最後，就像被大火燒過一樣，公司在一夕之間崩解，只能倒閉。

我聽了以後背脊發涼、冷汗直冒，我見過一個企業欣欣向榮，但沒有經歷過一夕之間分崩離析、野火燎原的恐怖事件，今天它卻發生了。很多企業之所以如此，是因為老闆心中只有雄霸武林的欲望，沒有慢工出細活的耐性，這股欲望如果沒有控制好，就像在叢林裡點了一把火，不可挽回。

一個企業王國的垮台，看起來是老闆最痛苦，事實上最痛苦的是員工。那麼多員工要養家糊口，卻因為老闆的失策，造成員工無法承受之重，真的值得引以為鑑！

秦老闆語錄

「食緊挵破碗，這個世界沒有不勞而獲的童話故事。」

我一生看過非常多能人異士，他們可以在短時間之內爆紅，名利兼收。然而，能長久保有好的獲利、好名聲的人，卻寥寥無幾。我對這類的事情非常感興趣，所以從歷史和現況去分析研究，發現成與敗皆是欲望使然。

民國七十八年，「[8]鴻源機構」投資公司在短短兩年內，吸收民間資金近千億元，這在當時是非常轟動的事，即使是台積電也不及。手頭上有一千億元的投資公司應該所向無敵，做什麼都不容易失敗，沒想到短短一年半的時間，投資人的積蓄通通化為灰燼。鴻源垮台的那段時間，全台灣有近十六萬人受害，可謂哀鴻遍野。

這麼大一筆資金，比當時政府的[9]四大基金還多，結果也都煙消雲散，對此只有貪婪兩個字可以形容。

鴻源的主事人有這麼多資金，不思正面經營，而是做高危險投資，那些把錢存在鴻源的客戶，也都是貪圖投資公司給的高利潤，從來不問這家公司從事什麼樣的生產。集資的人欲望無窮，投資的人以利為

[8] **鴻源機構：**
鴻源案是 1981 至 1990 年由鴻源機構衍生的非法吸資及詐騙案件，是台灣經濟史上最大型的集團型經濟犯罪。

先，這種欲望的結合，注定要形成一場悲劇。

最後，投資人所求無門，老闆下場淒涼。可見，無窮的欲望可以使人崩潰，也可以使企業垮台。

[9] **四大基金：公務人員退休撫卹基金、勞工保險基金、勞工退休基金與郵政儲金**
從基金性質來看，郵政儲金來源為一般民眾存款與壽險準備金，與其他三大基金的資金來源為軍公教人員或勞工按月提撥的退休金，性質不同，但都由政府管理。

第五章

人生商學院
別為了致富而致富

致富的真正目的在於，提升自己在社會人群裡的影響力，而不是擁有金山銀山。所謂富者，是「有餘而利於人」，當我們想要致富時，就要不斷學習、反思、努力，一步一台階往上邁步。

5-1 把專業回饋社會，成為他人的智囊

我對珠寶、鐘錶、藝術品的鑑賞能力，堪稱全台前十大，我是不是也能把所學和專業回饋社會，成為別人的智囊？

我六十多歲了，開始有想要退休的想法，希望自己的工作生涯有一個美好結尾。以前我沒想過退休這件事，以為很簡單，實際開始盤算，才發現有夠艱難，但是覺得很難的人不只有我！

有一次，我的電視節目要找一些名人來參加，製作單位給的名單都是一些退休歌王、歌后、影帝、影后，因為他們不太想再拋頭露面，我在製作單位央求下，打電話給其中一位公告封麥的歌后，她很客氣，但也很快拒絕我，簡單寒暄過後，我們結束了電話。

過沒幾天，這位歌后打電話給我，向我道歉，說不是故意要拒絕我，實在是退休後不想再面對觀眾表演。我跟她說，這個世界上有兩種人不能退休，一種是政治人物，另外一種就是演藝人員。

踏入這兩個圈子的人都該有此認知，因為你從一個沒沒無聞的人到富享盛名，得到極大的財富，即便是靠自己的努力和天賦，也需要選民或粉絲的愛和熱情，才能有此成就。

每一個人都會老，都會退休，政治人物無法再擔任公職，演藝人員無法再唱歌、跳舞或演戲。這兩種人可以選擇其他方式，例如出書、在社群媒體上提出見解，造福想踏入同樣圈子的後人，這些都是繼續回饋給當年一路相挺的選民和粉絲們的好方法。

假如這兩種人就這樣雙手揮揮，告別圈子退休去，可惜之外，似乎也忘記了屬於他們的那一份公共責任。

歌后聽完我的看法，猶豫了一會兒，她說，這輩子都在舞台上唱歌，真的膩了。我跟她說，鳳飛飛當年嫁給香港商人，洗淨鉛華，沉寂一段時間後，依舊出現在舞台上，唱歌撫慰歌迷的心。她不是為名，也不是為利，而是很清楚歌迷們需要她的歌聲，所以在生病之前，她一直保持與歌迷的互動，我對她的決定很感動，因為她知道取之於社會，也要回饋於社會。歌后聽完後，她答應我會好好考慮。

我曾遇過許多退休的名人，滿身疲憊，傷痕累累，我很訝異，也頗有兔死狐悲之感。我對珠寶、鐘錶、藝術品的鑑賞能力，堪稱全台前十大，我是不是也能把所學和專業回饋社會，成為別人的智囊？我期許自己朝這個方向努力。

秦老闆語錄

「從政人員和演藝人員，是受掌聲而飛黃騰達的人。他們最終要用一生的精力，奉還給支持者。」

一個政治人物，舉凡里長、市議員、立法委員、總統……只要當選，領的錢都是民脂民膏，他們看起來翩翩風采，是因為有粉絲的支持。演藝人員也是如此，他們一言一行都牽動社會的動脈，民眾把他們奉為偶像，從而創造收視率、票房，為演藝人員帶來豐碩的財富。

為什麼一位民意代表、一位演藝人員，可以牽動這麼多人心？仔細分析，你會發現人們把自己的夢想跟心靈託付給這兩種人，也願意為了他們無私無限地付出。

不少從政的人節節高升，資源財富收獲滿滿、錦衣玉食之後，變得傲慢不堪，過去高喊的「謙卑」成了教訓別人的口頭禪；演藝人員亦同，他們唱得好、演得好，賺進了無數財富，誠然，他們的成功是來自個人的努力和累積，但是把他們當作神明一樣供奉的人們，同樣也是「功不可沒」，很少有天王巨星在洗淨鉛華後，願意花時間撫慰支持者的心靈。

人為什麼會崇拜偶像？因為偶像代表他們的夢想，或者是完成他們的夢想，有一天偶像棄他們而去，或者不演、封麥了，這是多麼殘酷的事。崇拜是無私付出，也是無償支持，對於一個抱有夢想期望的人而言，偶像是他們撫慰心靈的力量。

偶像賺飽賺足了可以離開，粉絲呢？可憐地被拋棄了，所以，民意代表和演藝人員需要用一輩子的時間，報答他們的支持者，因為他們可能是別人的天使。

5-2

做人沒信用，只能做發財夢

在舊社會裡，商人不依賴法律，只依賴誠信；有了誠信，商業秩序便可以維持。現代社會裡，商業都以法律為基礎，所以誠信變成意外的甜點。

有段時間很多朋友跟我反應：「秦老闆，你很有錢，可不可以教我們你的致富之道？」我的回答是，我不是非常有錢，往上看，有錢人如過江之鯽；往下看，比我差的人也不是非常多。

這句話怎麼說？致富是從窮到富，不包含從富到富，很多企業的第二代、第三代，他們不用致富，只要守成就好。所以說起來，致富確實是一門大學問，內功心法就是正確的觀念。

首先，致富是一條非常不簡單的路程，想致富就要有心理準備，成功率不高、陣亡率幾乎到頂。為什麼？因為要過的第一關就是「守信」，許多人都陣亡在這兩個字上，我們每天耳聞目睹不守信的事件：講好今天，拖到後天；講好這樣，變成那樣。不守信才是真正的致富殺手！

致富的第二個心法就是「不可迷信」。我看過非常多人沉迷於傳說、異象與神明指示等，有的人逢廟必拜、逢拜必誠，但是膜拜的動機往往很自私，甚至自利，就算真有神明，恐怕也難以滿足眾生願望，更何況，致富是神明沒辦法插手的俗事。

第三，「不要為了致富而致富」。致富的真正目的在於，提升自己在社會人群裡的影響力，而不是擁有金山銀山。所謂富者，是「有餘而利於人」，當我們想要致富時，就要不斷學習、反思、努力，一步一台階往上邁步，過程中要思考，你擁有什麼，如何升級？用一種哲學思想形容，應該稱為「無心插柳柳成蔭」。

我曾在書裡一篇文章〈三個福利餐廳〉提到，我十六歲輟學當學徒，只想找一個可以供飯、供宿的棲息之地，在什麼都沒有的時候，我不斷地學習，即使沒有任何資源，也想辦法拜師求藝、苦讀專業書籍，有時真的是到了廢寢忘食的地步。

當我開始有點錢的時候，開始思考如何把餅做大，用小禮物做餌、讚許為繩，圈取我的金主軍團，為日後事業築成不倒神山。當快要突破的時候，便開始籌劃建立經營團隊、設計標準作業流程、降低收費、提高服務品質，直到有一天，我竟然可以不欠任何人一毛錢，而我的知識、經驗與財富也都到了「有餘而利於人」的地步。

老叟謹呈三策：守信、不迷信、不為致富而致富，是致富之道也。

秦老闆語錄

「想發財不是壞事，但是把發財當作目標，可能是壞事。」

發財致富是每個人的夢想，有朋友問我，如何能發財致富，我覺得這個問題很值得探討。在上帝的旨意裡，能發財致富的人只占全人類的少數，也就是多數人只能做發財致富的夢，而且不會實現。

發財致富有這麼困難嗎？從史觀上來看，歷史上發財致富的人，除了很幸運也很聰明以外，最重要的是他們具有誠信。有些人會誤解，認為「幸運」是一件不容易的事情，大部分的人認為他們不是很幸運，也許一輩子都不幸運，也不認為自己擁有聰明的優點，而「誠信」反而是很多人認為容易達到的標準。

事實上，一個人一生中總有一、兩次很幸運，每個人都很聰明，都知道如何趨吉避凶，但是說到誠信，恐怕就有些為難了。首先，面對你的私利，可能就沒辦法放棄，比如你是一間糕餅店的老闆，今天有一百盒快逾期的糕餅，你會拿去丟掉嗎？捫心自問，很多人都不能過關，因為那是一筆血汗錢，逾期銷毀意味著血汗錢將蒸發一空。

於是他們選擇改標籤、改日期，難道這些人不知道誠信的重要嗎？非也，當面對利益的時候，你可能無法兼顧誠信。這是為什麼誠信變成是非常難過的一關，也說明了為什麼只有少數的人，可以發財致富。

在舊社會裡，商人不依賴法律，只依賴誠信；有了誠信，商業秩序便可以維持。現代社會裡，商業都以法律為基礎，所以誠信變成意外的甜點。

5-3

人生路不平，轉個念就順了

人生的輪子，只要充飽氣就會是圓的，總是在洩氣的輪子，當然會變成方輪子。

很多人來當鋪會怨天尤人、怨政府、怨運氣差，這些人真的是輸家嗎？其實不是，他們都曾經成功過，以後也可能有機會東山再起，只是一時處於人生谷底罷了，偏偏處於這種狀態下的人，特別會把注意力放在芝麻綠豆的小事上。

我有一位客戶張先生，他本來是服裝企業的老闆，二十多年前在上海可說是叱吒風雲，後來因為競爭激烈、毛利大減，才將事業撤回台灣，他曾經想移師北韓，卻因為國際限制更多作罷，在不得已的情況下，他拿了一些金飾、手錶找我典當，好度過難關。

每一次他來，都還沒坐到椅子上就開始罵人，批評世態炎涼，對於以前曾接受他幫助，現在發展很好，卻沒有幫他一把的小老弟很不諒解。有一次，他拿著以前常典當的手錶來借貸，往年都當十萬，這次我們只願借他八萬，他就爆炸了！

我和員工被他罵了半小時，直到他氣消，我對他說：「你二十多年前比較快樂，以前你滿口好話，現在這麼罵人，我怎麼吃得消？你是不是有什麼委屈？」他說他不想罵人，只是覺得與別人越來越格格不入，很容易和人吵架。

我對他說：「要看開一點，這個世界本來就是有錢的稱大爺，沒錢的沒人搭理。你現在就像一台老車子，馬力不足，連輪子都變成方的，為什麼？因為你太執著某些事情，即便路是平坦的，你依舊覺得路不平。」其實，我也有過這樣的經驗，對某件事情極為執著，進而產生偏見，接著輪子就變形。

我建議他把內心的事情釐清，政府、旁人的事情都不要管，只要想著美好的事情，大不了事業不幹了。他聽完我說的話，啞口無言，就回家去了。

不久後，我收到他寫的信，信中寫著「秦老闆，我是方輪子，聽完你的話之後，很多事情我想得比較透徹，事業寧可做小一點，我發現變得比較快樂，謝謝你。」

人啊！覺得不順心時，就到醫院走走，看看活得健康有多重要；也可以來當鋪走走，就會發現人要有錢，必須經過努力。人生的輪子，只要充飽氣就會是圓的，總是在洩氣的輪子，當然會變成方輪子。

「台灣有一句諺語：[1]不會開車嫌路歹。」

當鋪是一個非常負面的行業，到當鋪來尋求幫助的人，大部分都面臨著人生難關。如果一個人本來過著錦衣玉食的日子，突然之間歹運當道，食宿沒了著落，起初心情慌張，最後可能會變成怨天尤人。

在當鋪裡出入的客戶們，有一半是賭徒，他們平常沉迷於炒房、炒地、炒股票，因為他們迷信賭可以一夜致富，但自古以來，很多人難過這關。說到賭，仔細解剖一下可以發現，這是出自本性的貪婪，贏錢的人不在乎別人因此家破人亡；輸錢的人則絞盡腦汁想辦法弄錢，扳回頹勢。在這種扭曲的環境裡，人們的心態絕對是不正常的。

有些人把人生當作是一場賭博，認為「人無橫財不富，馬無夜草不肥。」所以，社會裡窮凶極惡的騙子越來越多。倘若騙子成功了，受騙的人心裡無法承擔這種痛苦與壓力，久而久之，就成了一顆未爆彈，出入當鋪的未爆彈如雨後春筍、世代交疊。事實上，不論你是怎麼失敗的，那些失敗經驗都是過眼雲煙，我們只能從中吸取教訓、汰除嗔念，才有辦法撫平傷痕，繼續健步向前。

---

[1] **不會開車嫌路歹：**
諺語原文是「不會駛船嫌溪彎」。此句是指不反省自身錯誤，反倒找藉口怪罪外界，指一個人沒有承擔的勇氣。

我有很多客戶，被突如其來的厄運擊倒在地，剛開始也是咒天罵地，等理智甦醒以後重新出發，把過去成功的標誌——名錶、鑽石、跑車都送到當鋪來，一點也不心疼。幾年後，他們東山再起，甚至勝過從前。

這些勵志故事說明了一件事，美好的人事物如夢幻泡影，只有用金剛的意志打死不退，才有可能達到成功的目標。所以說不是路不平，是你的輪子不圓、不剛、不正。

5-4

天賦是禮物，但不一定會有舞台

天賦是上天給的禮物，如果能在職場上運用，真是莫大的幸福，只可惜不是每個人都能用得上。

我有一位客戶是鐵工，他當完兵就去學鐵工手藝，三十多歲時開了一家鐵工廠，接發包工程，有時候會被客戶騙或是拖延貨款，他為了發薪水，不得不來我這裡周轉。

之前，他常拿首飾來典當，有一回甚至拿電弧焊機來當，這麼專業的機器根本不會有人收當，由於他一直懇求我，我只好當給他十五萬。後來，生意越來越好，就比較少來我的當鋪。曾有一次，他來典當太太的首飾，我們給他一個牛皮紙袋封存，證明當鋪不會從中動手腳，我請他在紙袋上簽名，結果他突發奇想說：「能否不要簽名，用畫的？」

我說，當然可以啊！他埋頭畫了好久，我上前關心，才發現他畫了一幅《瑤池獻壽圖》，右下方還有一隻猴子拿著一顆壽桃，我看了驚為天人，這幅畫根本可以拿去賣，他簡直是一位被鐵工耽誤的畫家。

我問他，怎麼不當畫家而去做鐵工？他說，國中時在住家社區的牆壁畫漫畫，被爸爸視為「不務正業」，因此被毒打一頓，更嚴禁他再畫畫。讀高中的時候，他會偷偷在鐵捲門上塗鴉；做鐵工之後，他會在中午休息時間，拿著油漆筆在鐵件背後偷畫畫。

我真的太欣賞他的畫作，問他能否再畫一幅送我？他斷然拒絕，他說身為水泥工的父親很嚴厲，為了一家人的生計辛苦工作，十多年前過世，當天正好是他父親的生日，他很想念他，所以才會畫「瑤池獻壽圖」。我一聽就懂了，不再勉強，心想屆時他贖回，我再小心拆封，留下來做紀念。

我問他，如果他的小孩對繪畫也有興趣，他會阻止嗎？出乎我的意料，他說繪畫可以當興趣，但是當成工作，很難養一家人，他很感謝自己後來學鐵工，才能養活一家六口。

世界上，很多天才都是在無意中被發現的，也有人到了退休之後才被啟發，其實天賦一直都在，卻為了生活必須隱藏或封存。我發現自己也有一種天分，就是能把讀到的故事，用獨特的方式講出來，把故事說得更加引人入勝，這個天賦以前我都用不上，直到後來有機會上節目，才發現自己有這份能耐。

天賦是上天給的禮物，如果能在職場上運用，真是莫大的幸福，只可惜不是每個人都能用得上。

秦老闆語錄

「人的天賦如果可以充分發揮，真的可以成為天之驕子。」

我一生看過非常多能人異士，可以說嘆為觀止，有些人很會唱歌，有些人很會繪畫，有些人的手很巧，有些人則是跑很快，真是應了那句話：「一樣米養百樣人」，一個人在年紀很小的時候就能發現天賦，這是上帝的恩賜。

當兵時，我認識一位同袍，他說自己是乩童，我聽了大吃一驚，因為我所認知的乩童是江湖術士、宗教騙子。沒想到他真的很厲害，可以透過神明幫同袍弟兄消災解厄，如果沒有親眼看到，打死都不會相信。

天賦的力量很大，可以穿越「[2]六合」。我從小非常喜歡聽廣播劇，小小年紀就立志要當一名廣播播音員，每天煞有其事地找一本書來練咬文嚼字、抑揚頓挫，各種口說技巧隨手拈來，沒想到命運的安排，讓我離夢想越來越遠，像這位鐵工一樣，從小喜歡畫畫，最後卻從事鐵工行業。

---

[2] **六合：**
出自《莊子・齊物論》，六合是東南西北上下，也可指天地、宇宙、天下、人間。

古人常說：「人生不如意事十之八九」，一點都沒錯，真正天賦異稟、可以學而用之的人太少了，其實仔細想想，做鐵工也需要繪畫天分，正因為如此，他的鐵件作品比別人多了幾分美感。我在五十歲的時候，才有機會發揮說故事的天分；不過早在創業階段，這項能力已幫助我更容易贏得別人的信任，在溝通方面暢通無阻。也就是說，廣播公司少了一位天才播音員，但是當鋪界多了一位無敵老朝奉。

5-5 你是自得其樂，還是被動快樂？

在這個汙濁的人世間要能自得其樂，必須有怡情養性的觀念。

我去爬山遇到一位老先生，揹著相機、水壺、拐杖，全副武裝，走得很慢，把我們的路線全都擋住了，所以他停下了腳步，讓我們一行人先過。不久，我們停下休息，老先生也緩緩跟上了，我上前和他聊天，說看他這身裝備，可能要爬三天，老先生說他走到不想走就會回頭。

第二次休息又遇到老先生，他拿出兩個茶杯，悄悄地喚我一個人過去，要泡茶給我喝，他笑稱自己只帶兩個杯子，無法多請別人。原來他已高齡八十多歲，家人都在美國，他平日在醫院做志工，每天爬爬山、看看書，生活過得精彩又忙碌。

不久後，我遇到一位五十多歲的中年人拿古董來給我鑑定和典當，說是鎏金佛和汝窯的盤子。他來的時候一臉眉飛色舞，滔滔不絕地說著，我細看之後發現，這並不是北魏的[3]鎏金佛，也不是北宋的汝窯盤。

我把鑑定結果告訴對方，沒想到對方不生氣，依舊繼續講。我覺得很奇怪，他說難得遇到同好，但是不管我說什麼，都不會讓他改變想法。這個論點讓我很好奇，便繼續和他聊，想知道他為什麼會對這些古董有興趣。

原來他是在魚市工作，以前漁船靠岸後會把走私的古董文物拿出來，他看到就順勢學一點。十多年前他得了憂鬱症，每天都要吃安眠藥才能入睡；五年前某一天休假，他吃了三顆安眠藥還是沒睡著，便開車到內湖的碧山巖想做傻事。凌晨三點，他看到一位老先生揹了一大堆東西在爬山，兩人看到對方都吃了一驚，老先生隨即招呼他喝茶，問他怎麼這個時間來爬山？

[3] **鎏金佛：**
鎏金是古代金屬器物的鑲金方法，就加工方法和工藝原理而言，也稱「火鍛金」。始於戰國，有 2 千多年的悠久歷史和獨特工藝技巧，是中國古代技術的光輝成就之一。

他對老先生打開心房，聊了很多心裡話，老先生勸他要找到自己的興趣。他想了想，說自己沒什麼興趣，老先生回說不可能。聊著聊著，他突然想到漁船有很多走私貨，那些古董文物背後的故事挺有意思的。回去後，他開始著手研究，越研究越有興趣，安眠藥用量也漸漸減少，最後甚至不必吃藥。我聽完後直覺想到，之前在山裡遇到的老先生，不知道跟他遇到的會不會是同一位？自此之後，我提起那位老先生，都稱他為「自得其樂先生」。

快樂泉源來自於內心，是與他人分享而非自己享受，所以老先生爬山都會準備兩個杯子。你自得其樂嗎？還是你只能被動地快樂呢？

「自得其樂是修身養性的頂端功夫，一般人很難達到那個境界。」

動物吃飽後，會悠閒地展開社交活動，或獨立孤行，找一些喜歡的樂趣，打發時間。

有一種動物——人類，吃飽後開始動腦筋，想著怎樣能夠吃到下一頓，不得已的時候會算計別人，只要空閒就挖空心思、求名求利，很少人能做到自得其樂的地步。我們看小嬰兒，吃飽喝足就開始自得其樂，探索未知，他們的笑容純真可愛。曾幾何時，孩子長大了，自得其樂的時光也鮮少存在了。

我常常在演講上提醒朋友們，身體的健康分為兩種，一種是生理系統的健康，心肝脾肺腎都正常運作；另外一種是心理上的健康，吃得飽、睡得著、笑得甜。在這個汙濁的人世間要能自得其樂，必須有這樣怡情養性的觀念。

何謂怡情養性？對於周遭環境裡的真善美，以欣賞、珍惜、呵護的方式掌握精髓，灌溉我們的心田。比如野外賞鳥，拿著一組貴重的望遠鏡，待在一個角落裡三、四個鐘頭，只為了一隻鳥兒的驚鴻一瞥，這樣細微的變化就是大自然美妙的地方。在花園裡種花，每日除雜草、施肥料、撒水、剪枝，呵護得無微不至，等到花開滿園，仔細看花兒的姿態、顏色，看它們在風中搖曳，都是美到不能形容的事物。

怡情養性是自得其樂的第一步，而自得其樂就是佛陀在《金剛經》裡想表達的「[4]心何以住」。心住下來就實現了真，心住下來慢慢地思考，就會找到善，打開你的眼、耳、鼻、舌、身、意，你就會看到美。

[4] **心何以住：**
佛陀在《金剛經》說：「應無所住而生其心。」不執著世上的一切事物和現象。從另一個層面來看，說明心仍然有停留和安頓的方法。

5-6

自以為是的慷慨，別期待別人買單

以德報怨的人往往最後落得「以毒抱怨」的下場，因為德行沒辦法承載踰矩的重量。

我從事當鋪業四十多年，從一個人打拚，到現在擁有四十多位職員的團隊。我一直秉持著一個經營心態，就是讓跟著我的人都能安居樂業，起碼不會有失業的擔憂。

我原本以為，公司有賺錢就應該雨露均霑。創業前二十年，大家都很開心，因為當鋪發展和獲利都相當好，員工的福利和權益，遠比政府規定的要好。員工一錄取就有十四個月的薪水，這是基本保障，勞健保都是公司買單；二〇二一年至二〇二二年五月，有兩位老員工退休，他們不僅能向政府申請勞退金，我還給兩人各一個大紅包。我對自己照顧員工的事情很滿意，因為我們是業界楷模。

結果，這種想法在一夕之間就變了！我遇到一位同事，他在工作上相當不配合，主管向我投訴後，我想資遣他。後來我發現，他把我一些大而化之的事情，一一記載在他的小本子上，包含某年某月某幾次，他的勞保薪資低於實際薪資，這其實是我們的行政疏失，他可以當下告訴財務部門，讓我們立即改正，但是他沒有這麼做，而是在多年後我要資遣他時，拿出這個本子直指我違法。

我跟他解釋，依法退休金是公司提撥六％，我們公司自動提高到十％，不會苛扣員工的錢，「你愛給多是你家的事，你少給就是違法。」他回答我這句話，讓我三個晚上都睡不著。也許我應該錙銖必較才對，我重新檢視自己，發現許多人對於我自以為的「慷慨」，覺得是太傻。在員工眼裡，不管我怎麼做，依舊是屬於剝削的一方。

我把員工視為家人，公司基本上沒有祕密，管帳的都是老同仁，我也不曾去限制他們，結果員工就產生了「老闆很有錢，不在乎這麼一點點」的心態和想法。其實我可以接受大家這樣想，但是不能接受員工把公司的缺陷當作把柄，刻意選擇當下不提出建言。

我決定要用新方式管理公司，考慮了一個月，悟出「零加一策略」，就是勞資雙方都依法執行，我不再預先公告要多給什麼，屆時如果真的有多給，員工才會覺得開心。我不該自我膨脹，該給的就給，不該給的不要給，如此不管是喜是怨，都不會影響大局。

秦老闆語錄

「我們應當以德報德，以直報直，以怨報怨。」

我常常聽別人說要以德報怨，孔老夫子非常反對，他認為以德報怨不是大丈夫所為，這並非孔老夫子心胸狹小，而是他覺得做人應該從「真」出發，以善為止。

當我們面對不公、不義、不法的事情，用菩薩心腸來包容，當然是皆大歡喜。但是，包容不是化解，而且包容的心態需要很大的能量，如果包容改變不了別人的行為，終朝一日它會反噬你的是非觀。

以德報怨的人往往最後落得「以毒抱怨」的下場，因為德行沒辦法承載踰矩的重量。經營公司最重要的就是管理，而孔夫子的這套哲學，涵蓋所有人員管理要訣。

公司的政策永遠不可能完備，因為社會環境、法律刪改、人心變換、產品更替⋯⋯時時牽動著公司的管理制度。但是萬變不離其宗，對於公司上下所有員工，包含董事長（老闆）都要對公司努力奉獻，不論是智能、體能、時間的花費，上下齊心一起努力，就一定會成功。

簡單來說，有幾種現象。公司成功了，老闆將公司的獲利依規定發給所有員工，就是「以德報德」；老闆與員工沒有全心全意地付出，公司的營收很難達到顛峰，那麼老闆賺的錢與員工分到的福利，都不能使人滿意，是「以直報直」；公司上下交相爭利、勾心鬥角、包庇徇私，很快面臨虧損，老闆準備跑路，員工面臨失業，叫做「以怨報怨」；公司倒閉，員工四散，勞資雙方怒目相視、對簿公堂，這之中謠言如洪水猛獸，變成「以毒抱怨」。

所以，老闆要接受儒家倫理學的教育，用最合適的方式讓勞資雙方相互支持，一間公司的經營才能天長地久。

5-7

當老闆的第一課，學會發薪水

萬一沒錢發薪水，老闆不能耍賴，不能編故事，他得回家賣房子、賣車子，換錢回來發薪水。

我在上海復旦大學的指導教授錢老師，有一次問起我事業接班的事。我那時的想法非常單純，覺得接班就是把事業交給子女與現在的團隊，我上過的課程也是這麼教的，錢老師聽了後正色對我說：「行百里者半於九十。」公司企業的交班，往往考驗著事業基礎是否穩固，也就是說，如果沒有好的接班計劃，公司處境可能岌岌可危。

台灣有非常多的二代接班人，他們用光速的效率把公司搞垮，口頭上卻說不是他們的錯。這讓我想起崇禎皇帝在煤山自縊之前所言：「吾非亡國之君，汝皆亡國之臣。」意思是他沒有責任，都是那一群臣民沒有出息。

有次媒體訪問我關於事業的接班問題，我說沒有接班問題，記者非常訝異地問：「難道你退休以後就要結束事業嗎？」我說倒也不是，沒有接班問題，是因為我不是找一個人來經營，而是去找一個人發薪水。記者聽了之後哈哈大笑，他說：「發薪水大家都會，你給我錢，我幫你發！」我說，等你當了老闆才知道老闆的難處。

首先，你要發出讓大家滿意的薪水，不能少發、遲發，更不能不發。另外，發薪水不是去街上拿一綑錢來發，一定要有盈利能力，那得有一個非常扎實的團隊。最重要的是，萬一沒錢發薪水，老闆不能耍賴，不能編故事，他得回家賣房子、賣車子，換錢回來發薪水。所以，接班人要概括承受所有責任義務。

是故，我公司承接的計劃就是找一個發薪水的人，最重要的是，此人必須信守承諾。發薪水的人必須人品端正，公司同仁才會真心接受領導，如此一來，倫理架構才能堅固，接班的成功率也容易提高。

從存在的價值而言，一個人完成事業夢想，能不能在身後繼續發光發熱，其實沒什麼意義，因為人走茶涼，世界依然運轉。古人言道：「富不過三代」，此言應非宿命論，自古以來，公侯將相都想把富貴榮華傳承下去，但是少有人遂願，這裡面有子女教育、首輔權臣問題，更有產業更迭問題。

如果二代接班人的品德、才能不足，最後可能演變成「[5]匹夫無罪，懷璧其罪」的下場，豈可不慎。很多上市公司創辦人，在經歷五、六〇年代的殘酷考驗，積累了扎實的事業基礎，卻因為交班的思維頑固落後，帝國一夕之間分崩離析。

我在與錢老師聊完接班人的議題後，花了五年多時間研究世界各大企業的接班資訊，尤其是台灣本土，我才發現古今中外的接班模式，不脫以下三種：

---

[5] **匹夫無罪，懷璧其罪：**
比喻懷才而遭人嫉妒陷害。

第一是父傳子承，父親的事業一定要交給兒子繼承。古人講「肥水不落外人田」，這種狹隘的利益觀念，過了幾千年還在迷亂許多人的腦袋，造成「子毀父業」的故事層出不窮。當然也有一些例外，我們常聽說某二代、三代的接班人從基層做起，一路經過淬鍊當上總經理，但聰明的人應該知道這只是劇本。

第二種是創辦人用「家天下」的思維經營，二代接班人也運用同樣的思維，兩代家臣形成了水火不容之局，於是發生了乾坤顛倒、日月昏暗的局面。有一部電影講義大利名牌古馳（Gucci）的故事，結局是企業被其他有心之人割了韭菜，這就是一個明證。經營企業要有深遠的眼光、恢弘的胸襟、努力的學習，但是如果掀起「[6]茶壺風暴」，企業卻完全沒有任何時間反省，敗亡就屢見不鮮了。

第三種情況是創辦人對接班人或團隊沒有信任感，凡事仍親力親為。長輩有非常充沛的智慧跟經驗，不過固執有時候是絆腳石，如果一直認為自己

[6] **茶壺風暴：**
指團體內部的爭執與矛盾。

的想法是對的，企業就不會有好結果。時代變化非常快速，當創辦人自認一輩子都是對的，接班人在他眼裡，可能一生一世都做得不對。

不朽的原則是，領導人的年齡一定要是壯年，因為壯年時期的人比較有理想、願意學習、禁得起打擊，也能體會經營企業的樂趣，這些都是企業發展不可或缺的元素。從另一個角度來看，當一間公司的創辦人已經白髮蒼蒼，還在努力當火車頭，後面的車廂便會理所當然地任其擺布。運氣好，火車一直走在平原上；若壞運氣來了，火車經過高山蜿蜒，就危險了。

秦老闆語錄

「企業負責人發薪水，既是一種榮譽，也是一種責任。」

當公司財力不足以發薪水時，企業負責人應該賣房子發薪水，這就是責任。我們在別人的公司上班，通常很難想像發薪水的難度，做當鋪這一行就深知水溫的高低。

每逢月底、月初，許多中小企業的老闆神色慌張地跑來找我，他們面臨了發薪水的問題。除了金額要正確，最重要的是發「現金」，絕對不能「打欠條」。如果老闆沒辦法足額發薪水，只好找朋友、找銀行，最後找秦老闆解決問題。我想起一句山東俗諺：「看見過賊吃食，沒過看賊受罪。」我們看到老闆光鮮的一面，卻很少看到他們走投無路的時候。

李先生是一家食品公司的老闆，公司生產麵筋、花瓜之類的罐裝食品。九年前，台灣發生食用油事件時，他的食品工廠遇到了嚴峻的考驗，不但每月銷售量遽減七〇％，庫存也堆積如山，最後過期只能丟掉。

這位李先生從南部帶著三代積存的黃金、珠寶前來典當。當他拿到三百五十萬的現金時，不禁眼淚潰堤，他說有八十幾位員工要吃飯，絕對不能延遲發薪。上天憐惜好人，一年後他度過了危機。每年中秋節他會給我送禮，我也會打電話跟他致謝。李先生是一位值得敬佩和學習的老闆。

設立公司是為了獲利，然而公司經營到一定的規模，要考量的便不僅是獲利了，它關係著公司所有同仁的生活，包括退休後的規劃。所以，薪水應該每月到期即發，年年如此。按時發薪水是企業永續經營最重要的目的。

第六章

秦老闆經營學
始於慈悲的創新

一個行業如果不能給社會提供價值，是絕對無法生存的，
從立法到創新，我致力顛覆世人對當鋪的負面觀感，但請記得，
如果不是發自誠信為客戶服務，販賣貨真價實的產品，
創新終究會是一場夢。

6-1 我的一個願望：改造當鋪業

我希望透過社會公益活動，幫助經濟邊緣人，讓當鋪業成為有利社會的一環。當鋪業是金融服務業，也是一個令人尊敬的古老行業。

我十多歲開始從事當鋪業，選擇做這行不是因為興趣，想當初，根本一點概念也沒有，經過多年的學習和磨練，二十五歲立志成為一位「當鋪達人」。其實，在立志成為當鋪達人的時候，我就有一個夢——想改造當鋪業，讓世人看得起這個行業！

從事當鋪業這麼多年，我有很重的自卑感，從別人言談中的調侃、譏諷的眼神，我深深知道這個行業有多麼被人看不起，我曾經被當面擲回名片，也有被活動主辦單位請出會場的經驗，所以我想改變當鋪業，改變別人對這個產業的觀感。

我的當鋪革命工程失敗很多次，在擔任台北市當鋪公會理事長時，我希望透過立法規範來健全當鋪業，花了兩年全力推動，期間所受的煎熬，實在不足為外人道。

當我把當鋪業的立法完成了，雖然不是成就非凡、人人滿意，起碼同業與顧客都因此有了法律保障。下一步，我希望改造當鋪業令人詬病的收費方式，以風險值的高低及質借期的長短為依據，訂定合理的收費標準，黃金質借，我要求同業們以年息六%為標準，因為黃金質借風險極低。萬萬沒想到，同業非常反對我的改革方案，在我競選連任時趕我下台，讓我非常傷心。

我知道成就一件事情絕非一朝一夕，痛定思痛後，我決心從自己經營的當鋪開始做起，用合理收費、親切服務、專業流程，為當鋪業打造一個值得尊敬的未來。經過多年努力，如今在社會上小有名聲，不過我心裡還有更遠大的目標，那就是做一個人人讚許的當鋪業者。

多年來我為當鋪業做了一些創新，其中有降低利率、以日計息、質借物密封、逾期通知等規範，只是這些還不夠，經過長期觀察，我認為當鋪業沒有盡到應有的社會責任，所以亟思改變，想將當鋪業與社會更密切地結合。

因此，我推出免費為市民鑑定把關的服務，每週三天民眾可以持各種物品，免費做鑑定；每一季在網路推出鑑寶活動，為全國民眾提供鑑定、鑑價服務。四年以來，服務無數民眾，也贏得了許多人的信任。

用專業服務更多人是我的夢想，一個行業如果不能給社會提供價值，絕對無法生存，這是一個真理。下一個工程，我希望透過社會公益活動，幫助經濟邊緣人，讓當鋪業成為有利社會的一環，這也體現了我從十六歲至今，從事當鋪業的核心價值——當鋪業是金融服務業，也是一個令人尊敬的古老行業。

秦老闆語錄

「每一個行業都具備社會責任及功能，如果沒有，這個行業必將消滅。」

違法的事業因為背離法律跟風俗，沒有人支持它們存在社會，只能偷偷摸摸經營。典當業自漢代以來，已經有兩千多年的歷史，負面形象不輸非法行業，根深蒂固的壞形象一直存在人們心中，我歸納成以下幾點：

第一，凡是人與人之間發生借貸關係，結果幾乎都是負面的；第二，當鋪業的從業人員、經營者，在舊社會是高層階級，他們有錢有勢，久而久之養成了高高在上、欺善怕惡的現世嘴臉，讓有求於當鋪的民眾深惡痛絕。

第三，當鋪業為了避免風險，交易方式不是以專業眼光為基準，而是以「高價低當」為依歸，這種方式往往造成典當人的損失；第四，當鋪業極端保守，對於曾接受當鋪幫助的人而言，他們不習慣到處宣揚，那些吃過當鋪虧的人們，反而在耳語相傳、故事、戲劇、小說裡，加倍渲染當鋪的負面形象。

進入當鋪業非我所願，我也曾面臨是否轉業的關口。最後我決定，這一生以經營當鋪為終身職業，也要用一生的時間改變、扭轉當鋪業的實質和形象。

首先，我找到當鋪業的社會功能與責任，把專業技能免費提供給市民朋友，任何人都可以持各種物品要求我鑑定。我的團隊義無反顧用專業的精神，把正確答案提供給市民，這些精密的操作過程完全不收費，更重要的是，我們提供的鑑定結果絕不受廠商、組織或各方勢力影響，大千典精品的鑑定結果，絕對是實話實說。

對於收費，我們歷經改造，從質借物的體積大小、價格高低與風險程度，制定全國最合理的收費機制，深受客戶認同；在保管質借物的安全層面上，我們採取客戶親自密封入庫的措施，連續三十年無客訴案件發生。

這十年來，透過我出版的書籍、電視鑑寶和鑑寶大會，我們大千典精品成為了當代當鋪業的標竿。值得欣慰的是，除了具備專業水準，還有一群誠懇的工作夥伴，我相信當鋪會成為一個令人驕傲的行業。

6-2

改變現狀，免不了起爭議

爭議就像春雷，好日子會來臨；沒有爭議，災害就會悄然而至，如何面對爭議，是企業面對生死關頭的關鍵！

我有一個十多年的客戶，本來對公司收費沒有什麼意見，某一天突然來找我談談，我以為適逢中秋，他想來送禮。見面時他臉色很差，似乎不太對勁，聊了之後才知道，原來他希望可以降息。

我告訴他，我們對他按日計息也有打折，每次推出的優惠專案也都沒讓他錯過，他已經成為我們收費最低的客戶了，怎麼還有降息的要求？他從懷中拿出一張備忘錄對我說，十多年來他幾乎每個月都來當鋪報到，像他這樣的衣食父母，說的話就該是聖旨，而且我們給他的優惠也不怎麼樣，現在的利息實在高到讓他壓力很大……。

聽到他這樣說，我突然好後悔，平常我也該準備一些資料，不然當下不知道該如何應對。我跟他說：四十年來大環境成本上漲，但是利率依然下降，十多年來每一次降息優惠，你都有享受到；再者，使用資金的人多，我們的資金有限，如果向外舉債，成本將會大增，絕對會虧損。

這時客戶拿出一張便條紙，說是在捷運上想到的良心建議。他說，當鋪總是在時機不好的時候收費較硬，更應該體諒客戶的難處，酌情檢討收費機制。我們為此討論不休，是君子之談卻矛盾重重，最後，爭辯了兩個小時沒有結果。我想，最務實的方式是我回家想想，如何改變以符合對方的需求。

我們雖然偶爾有創新，仍顯得老態龍鍾，畢竟連亞馬遜公司都有無人商店了。話說回來，羊毛出在羊身上，我不可能讓員工少領薪水，如何撙節支出、創造利潤又不會減損員工福利？我問了員工，他們目瞪口呆，講不出所以然。我後來想想，不該找員工談如何節省成本，應該要問的是，如何讓收費更合理化？

改變現狀需要睿智而非專制，經過幾日的考慮，我決定規劃一個流程，慢慢改變現狀。我打電話給那位客戶，謝謝他這十多年來的支持，我們會依據客戶的信用狀態再一次調降利率。

這次的爭論，我的客戶贏了。長遠來看，我也不一定是輸家，因為現狀不改變就不會進步。爭議就像春雷，好日子會來臨；沒有爭議，災害就會悄然而至，如何面對爭議，是企業面對生死關頭的關鍵！

秦老闆語錄

「羊毛出在羊身上，利潤一定會透過資本、生產、消耗，來決定它的多寡。」

一本萬利的事業在這個世界上，絕無僅有。我從事當鋪以來，非常多朋友質疑當鋪的收費，但是這些質疑有一個最大的誤區，恐怕他們不清楚。

有一位立法委員跟我對談，他說銀行的房貸年利率不到三％（現在不到二％），反觀當鋪動輒十五％、二〇％或三〇％，這不是高利貸嗎？

我的答覆是，如果我是銀行，無論利率多少都穩賺不賠，二％、三％只是數字遊戲，因為銀行資金來自儲戶的存款，儲戶的存款利率如果是一％，房貸利率就是二％；儲戶的存款利率如果是二％，房貸利率就是三．五％，以此類推，贏家終是銀行。

當鋪與銀行雖同屬金融業，但是當鋪的資金要自籌，而自籌管道的資金成本，高於銀行的資金成本數倍有餘。另外，當鋪的業務屬於小額質借放款，每日、每月的質借放款比起銀行的放款量，可謂九牛一毛。當鋪的營運經費卻是固定的，比如房租、薪資、雜費、稅金等等，一間小小的當鋪每個月若無三十萬，要如何維持？如果每月放款量是三百萬，打平支出需要三十萬，折算利率就是月息一〇%，這還沒有計算風險。

我和這位立法委員在紙上算了近十分鐘，最後讓他啞口無言。一家當鋪設立在城市一隅，每月的支出和放款量幾乎是固定的，在不能吸收存款的前提下要賺大錢，如同作夢。

我經營的當鋪確實獲利頗豐，原因是，我在固定支出之下，將每月的動產質借放款量做到三千萬，如此一來，利率可以下降，獲利則會上升。但是，放款三千萬代表資本額需要一到一．五億元，試問，有這些資產的人，願意開當鋪嗎？社會上有許多小額經營的當鋪，由夫妻兩人胼手胝足，日夜堅守，獲得的利潤極其微薄，最後年老力衰，子女無意接棒，便把經營權轉讓給錢莊。

錢莊利用當鋪的模式做個人信用放款，漸漸地，因為社會與經濟層面改變，小型傳統當鋪消失了，擁有高價資產（黃金、鑽石或名錶）的民眾也越來越少，民眾只能利用自身的身分證明、職業背景等個人信用到當鋪借錢，傳統大型當鋪則轉而為特定工商業服務。與其說改變現狀，不如說是現狀改變了這個行業。

6-3

面對明日黃花，創新是救星

如果不是發自誠信為客戶服務，販賣貨真價實的產品，創新終究會是一場夢。

從魏晉南北朝開始，當鋪已有一千四百多年的歷史（當時稱為「[1]質庫」），當初寺廟有信眾供奉的田地、金錢，加上佛教風行，寺廟很富有，會周濟生活困難的信眾銀兩或財物，接受救濟的信眾在經濟改善後，也會想辦法還給廟方。後來，廟方開始大規模從事這種「賑濟」，這種行為漸漸演變成借貸關係。到了清朝三代盛世，中國的當鋪達五千多家，光是北京就有一千多家。

這就是一個微弱商機演變成大商機的案例，當時晉商（山西商人）開發

[1] **質庫：**
當鋪，唐、宋以後蓬勃發展。

的當鋪連鎖事業，簡直富可敵國。從當鋪的例子來看，創新的開始有很多困難和阻礙，初期到處受限，後來逐漸演變出無限可能。

以淘寶網為例，剛開始客訴很多，消費者反應假貨、沒有收到貨，淘寶便著手研究可以保護買賣雙方的機制，因而創造出「支付寶」，把款項先放在第三方單位，鑑賞期過後，若消費者滿意就把款項匯給賣方。一開始，這個構想在試驗階段，畢竟以前沒有人做過，招來不少質疑，漸漸地，廠商對於七至十天的款項支付期有了心理準備，消費者也對支付寶產生信任感，消費糾紛大幅減少。一段時間後甚至衍生出「微信支付」等平台，就此顛覆所有金融組織的機能。

我有一位重視品質的珠寶商客戶，所有商品都會附上知名鑑定中心的證書，不過，證書的費用一張約一千至一千五百元，占了產品成本的十分之一，由於售價偏高，因此被客人嫌棄，收入受影響。

我建議他不如自己開設鑑定中心，他便買了一些二手儀器，著手開辦。

他經手的鑑定報告都寫得相當詳細，珠寶生意雖然沒有很大起色，鑑定中心的生意卻意外地好，許多珠寶公司搶著請他鑑定，最後他甚至轉型做珠寶鑑定，旗下有五位專業員工。

一、兩個出乎意料的小創新，也許就此改變全局。當鋪業也是，受動產質借發展到網路層面的影響，當鋪店面越來越似明日黃花，前途堪憂。近年我開啟了藝術品鑑定、買賣認證，提供高價精品銷售平台，這些都不是以往當鋪業會做的事，卻能讓當鋪從金融業走向服務業，證明只要有創新點子，一開始也許會受限，持續下去就會有無限可能。

「登陸火星是馬斯克的目標，世界上的商業正努力率先『登陸』雲端。」

當鋪是一個老行業，我曾自詡是兩岸三地最後一位老朝奉。朝奉就是當鋪裡的估價員，除了需要知識淵博、心思縝密、透徹時局、精於管理，還要對社會現況瞭若指掌。

就像我在中山區開業的三十年，從販夫走卒、黑白兩道到官紳貴族，都有往來。那個時代可謂「人的時代」，雖然很辛苦，我自覺游刃有餘。

現在的時代是資訊的時代，人的參與越來越少，說好聽，坐在家裡生意可以無遠弗屆；說不好聽，守著一個店面如同坐以待斃。怎麼提升自己在資訊時代的競爭跟創新，是各行各業挖空心思、策劃布署的重心。

網路上的網紅、網路商店，可說是目不暇給，如過江之鯽。當大家努力向前，開創新機的時候，大部分的人忘了，無論「登陸」到任何地方，都需要誠信的態度，網路上的糾紛層出不窮，因為缺乏面對面的真實感，宵小騙子油然而生。

有一位博主曾在臉書上向我請教，經營自媒體最應該注意什麼？我的答案是：「慈悲的創新」。創新當然非常不容易，不斷思考嘗試，自然有所創新，但是慈悲是一種德行，如果不是發自誠信為客戶服務，販賣貨真價實的產品，創新終究會是一場夢。我勸這位朋友堅持良知，火箭才能穿越雲霄。

書後餘韻

別陷在困境 從流當品華麗轉身

這本書的完成是一種特殊緣分，首先感謝《Money錢》的全力支持，讓新書能夠順利出版，另外我的女兒績蓉特別撥出時間幫我編寫、校稿、使得本書更為精彩。

《人生流當品》是一些當鋪裡的紀實，從我的角度出發，傳遞一些弦外之音。首先，我非常期望年輕朋友們能夠走向比較順遂的路途，可以不必浪費太多的時間及資源，就能達到目的。

在每一個案例裡，可以看出我對每個事件的看法，在書的最後，我還是必須開宗明義，把幾個重要的意思表達出來。

首先，幾乎所有人都曾經是流當品，這些發生在自己身上的緣分，往往都不可臆測。所以，不值得太擔憂困境，經過反思與努力，流當品往往能夠成為精品，甚至典藏品，這些反思的元素都在本書裡。

我一生有好幾次成為流當品，比如小時候的志願是成為一名廣播播音員，這個願望在十五歲的時候就徹底流當了，但是五十歲時，我開始出現在各個媒體上，也算是一種流當品的翻轉。

另外，我在當學徒的遭遇，簡直比流當品還慘，根本可說是一個廢品！然而，我透過嚴厲的老闆、飽學詩書的老朝奉、鉤心鬥角的師兄弟、橫行霸道的地痞流氓，他們為我訓練出搏鬥的勇氣，讓我從無底的泥淖裡爬了出來。

最後，我要給年輕的朋友們一些叮嚀：「如何去欣賞你的敵人？如何去選擇你的朋友？如何去管理你的人生？」這三件事情是你從流當品華麗轉身的關鍵。

人生流當品
重新改造，你可以是超值典藏品

作者：秦嗣林
口述整理：秦續蓉

總編輯：張國蓮
副總編輯：李文瑜
責任編輯：劉彥辰
美術設計：楊雅竹
封面攝影：張家禎

董事長：李岳能
發行：金尉股份有限公司
地址：新北市板橋區文化路一段 268 號 20 樓之 2
傳真：02-2258-5366
讀者信箱：moneyservice@cmoney.com.tw
網址：money.cmoney.tw
客服 Line@：@m22585366

製版印刷：鴻霖國際事業股份有限公司
總經銷：聯合發行股份有限公司

初版 1 刷：2023 年 1 月
初版 8 刷：2023 年 6 月

定價：360 元

Printed in Taiwan

國家圖書館出版品預行編目（CIP）資料
人生流當品：重新改造,你可以是超值典藏品/秦嗣林作. -- 初版. -- 新北市：金尉股份有限公司, 2023.01
面；　公分. --（創富；49）
ISBN 978-626-96799-3-5（平裝）
1.CST: 人生哲學　2.CST: 通俗作品
562.86　　　　111021618

Money錢

Money錢

Money錢

Money錢